W0028901

100% ORIGINAL
JUSTIN BIEBER
JUST GETTING STARTED – ALLES IST MÖGLICH

Edel:Books
Ein Verlag der Edel Germany GmbH

Copyright der deutschen Ausgabe © 2012
Edel Germany GmbH, Hamburg
www.edel.com
2. Auflage 2013

Titel der Originalausgabe: Just Getting Started
Übersetzung: Ronit Jariv und Kirsten Lehmann
Projektkoordination: Constanze Gölz
Design: Taylor Cope Wallace
Satz und Redaktion der deutschen Ausgabe:
trans texas publishing

Originally published in English by
HarperCollins*Publishers* Ltd under the title:
Just Getting Started
© Bieber Time Books LLC, 2012
Translation © Edel Germany GmbH 2012, translated under
licence from HarperCollins
Publishers Ltd

Printed in Spain

ISBN 978-3-8419-0207-8

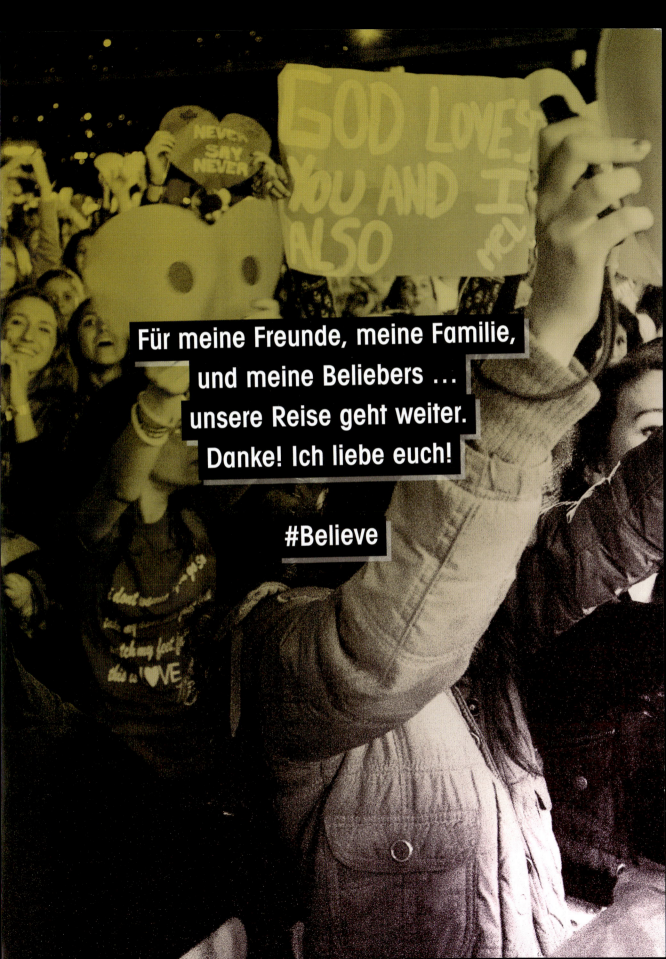

INHALT

CHECK-IN

Während meiner Kindheit hatte ich nie vorgehabt, ein großer Popstar zu werden. Ich wollte ein ganz normaler Junge sein. Mit zwölf habe ich zum ersten Mal Videos bei YouTube eingestellt, damit meine Familie mich singen hört. Ich glaubte nicht, dass daraus mal eine große Sache wird – schließlich haben wir einfach nur Videos ins Netz gestellt. Und nach ein oder zwei Monaten waren da – wie aus dem Nichts – tonnenweise Besucher, die sie sich anschauten. Ich komme aus Stratford, einer kleinen Stadt in Kanada mit rund 30 000 Einwohnern – und das machte das Ganze nur noch verrückter. Ich hätte nie gedacht, dass ich mal irgendwas anderes werde als zum Beispiel ein Schreiner, der vielleicht eines Tages einen eigenen Betrieb hat. Allein der Gedanke, Star zu werden, schien alles andere als möglich. Das war wie eine Reise zum Mond – oder im Lotto gewinnen. Ein paar Jahre später, mit vierzehn, habe ich nicht mehr nur für meine Familie gesungen – die ganze Welt hat zugehört! Der Rest ist Geschichte.

Als ich anfing, meine Videos ins Netz zu stellen, haben wir, meine Mom und ich, nichts weiter dafür getan, dass ich entdeckt wurde. Ich meine, hätten wir das gewollt, wären wir wahrscheinlich zum Vorsingen und zu irgendwelchen Castings nach L.A. gefahren. Keinesfalls! Das war überhaupt nicht meine Richtung – und am Ende auch gar nicht der Weg, der mich dahin führte, wo ich heute bin.

Eine Menge Leute denken, ich wäre über Nacht erfolgreich geworden – aber das stimmt so nicht. Gut, es waren nur fünf Jahre – die aber bedeuteten jede Menge harte Arbeit, die Zeit, Opfer und unermüdlichen Einsatz forderten. Plus: Im Leben eines Typen, der jetzt grade mal achtzehn ist, sind fünf Jahre kein Pappenstiel. Manche Leute denken, harte Arbeit sei – nun ja: *zu* hart. Ich kann nur sagen: Etwas anderes kenne ich nicht; außerdem ist dies ein großer Teil des Erfolgsrezepts. Was ich mache, gefällt mir so gut, dass ich nicht besonders viel Zeit mit Schlafen verbringe. Ich arbeite lieber hart und mach mein Ding und bemühe mich, das Beste aus mir herauszuholen. Ich will gut sein in dem, was ich tue – und der beste Performer der Welt werden. Um das zu erreichen, muss ich mich ständig ins Zeug legen, besser zu werden, nett zu anderen zu sein, jeden Einzelnen zu respektieren und so hart zu arbeiten, wie ich kann. Das sind Eigenschaften, die ich zu entwickeln hoffe – egal, ob ich berühmt bin oder nicht.

> „Wenn du wirklich willst, kannst du alles – schau nur mich an. Je härter du arbeitest, desto erfolgreicher kannst du sein. Und dies ist erst der Anfang …"

Ich werde oft gefragt, wie ich das mache – ich meine, was das Geheimnis meines Erfolgs ist. Meine Antwort darauf ist: Habt keine Angst davor, Dinge im Leben zu tun, die euch einschüchtern oder von denen ihr denkt, sie seien schwer. Macht's wie ich: Geht auf sie zu, nehmt jede Herausforderung als willkommene Gelegenheit an – und ihr werdet sehen, wie schnell sich auch euer Leben verändert!

Wo wäre ich heute ohne euch, meine Fans? *Euch* verdanke ich, dass ich tun kann, was mir gefällt. Ohne eure Liebe und Unterstützung könnte ich nicht weiter meine Musik erschaffen und mit aller Welt teilen. Wo immer ich bin und was ich auch tue: Ich versuche, so viel Kontakt wie möglich mit euch herzustellen – und das bedeutet alles für mich.

Schon von Anfang an hatte ich eine direkte Beziehung zu meinen Fans. Jeder von euch hat eine wichtige Rolle dabei gespielt, mir zu helfen, die Ziele auf meinem Weg zu erreichen. Zweifellos habt ihr Einfluss auf jeden einzelnen Schritt dieser verrückten Achterbahnreise. Wenn es mir schlecht geht, muntert ihr mich auf. Genau wie in meinem Lied „Believe", in dem ich darüber rede, wie meine Fans jederzeit für mich da sind – und ich meine jedes Wort davon ernst. Dieses Buch ist meine Art, euch zu sagen, was all dies für mich bedeutet und wie ihr mir geholfen habt, damit klarzukommen.

Die Stationen meines Weges mit euch zu teilen, ist nur ein weiterer Schritt auf unserer gemeinsamen Reise, ein weiteres Kapitel. Denn ich möchte andere an meiner Geschichte teilhaben lassen

und den Menschen zeigen: Mit genug Glauben an dich selbst kannst du alles erreichen – *alles* ist möglich.

Dieses Buch eröffnet eine Perspektive auf mein Leben – ob unterwegs oder nicht. Ich hoffe, ihr habt an diesem Blick hinter den Vorhang Spaß, an diesem „Backstage-Pass" für meine Welt. Ich bin wahrhaftig einer der glücklichsten Jungs auf diesem Planeten, denn morgens nach dem Aufwachen kann ich tun, was ich am meisten liebe: auf Tournee gehen, Musik schreiben und machen – und dabei die ganze Welt sehen. Doch vor allem denke ich, wenn ich aufwache, voller Dankbarkeit an euch, meine „Beliebers". Ihr wart von Anfang an mit dabei, und das werde ich nie vergessen. Dank euch lebe ich meinen Traum – jeden Tag.

Ein „Danke" allein drückt allerdings bei Weitem nicht aus, was ich empfinde: Für eure Unterstützung möchte ich euch aus tiefstem Herzen danken – und dafür, dass ihr da seid. Also lasst uns weitermachen – zusammen können wir den Traum fortführen. Aufgepasst, Welt – *das ist erst der Anfang!*

justinbieber

"everyday is another opportunity"
– Never Say Never

11:03 AM - 9 Jun 11 via web

justinbieber

im just like u. and i hope our story 2gether can
help u all in 1 way or another the way you have
all helped me. we are just getting started

10:35 AM - 9 Nov 10 via web

KAPITEL 1

DER ANFANG

TEIL EINS

Ich fühl mich immer noch wie ein ganz normaler Junge. Manchmal ist es zwar komisch, irgendwohin zu gehen, wo Tausende von Leuten auf mich warten – doch dann denk ich immer:

„Ich bin Justin ..."

--

In Mexiko-Stadt: Wenn ich live singe, versuch ich, ganz in meinem Song aufzugehen. Fantastisch, wenn es klappt – wenn es nur mich und die Musik gibt.

NEW YORK, NEW YORK

31. August 2010

Bevor ich Aufnahmen meiner ersten Show im Madison Square Garden gesehen hatte, war ich mir gar nicht im Klaren darüber, was es heißt, in dieser legendären Halle vor ausverkauftem Haus zu spielen. Doch danach habe ich verstanden, dass dies eine der berühmtesten Arenen der Welt ist. Damals war es nicht einfach für mich, zu begreifen, was das bedeutet, weil ich so jung und noch so neu in dem Geschäft war. Erst als mein Manager, Scooter, sich mit mir hinsetzte und mir erklärte, dass hier schon die Beatles, Frank Sinatra und Michael Jackson gespielt hatten, verstand ich plötzlich, wie großartig das war. Ich denke, für Scooter und den Rest der Welt bedeutet es einen gigantischen Erfolg, wenn ein Künstler im MSG spielt. Mir war es aber vor allem wichtig wegen Taylor Swift.

Jetzt werdet ihr euch fragen, warum von allen Künstlern, die im Lauf der Jahre hier gespielt haben, ausgerechnet Taylor meine Aufmerksamkeit gewann. Die Antwort ist ziemlich einfach. Hier sah ich sie im August 2009 zum ersten Mal vor ausverkauftem Haus. Außerdem war es das erste Mal, dass ich eine Liveshow in einer Arena voller Fans mit Händen in der Luft und in enger Verbindung mit einem Künstler erlebt habe. An diesem Abend stand ich mit Scooter im Parkett und sagte: „Das ist es, was ich machen will – mein Leben lang …" Und bevor er antworten konnte, fügte ich noch hinzu: „… und zwar vor ausverkaufter Arena."

Scooter grinste und sagte: „Sieh mal, ich bin sicher, eines Tages wirst du vor ausverkauftem Haus singen; doch im Augenblick bist du erst am Anfang, und es wird noch ein paar Jahre dauern."

Ein paar Jahre? War das ein Witz?

Ich wollte die Halle im nächsten Jahr ausverkauft sehen! Und es war mir egal, wie hart ich dafür arbeiten musste. Das war mein Ziel. Und ich meinte es ernst.

Für alle anderen war ein Auftritt im MSG ein Riesending und ein historisches Event – der Beweis dafür, dass man es geschafft hatte. Für mich aber war es ein Ziel – eine „unmögliche" Sache, die, so dachten alle, ein Junge, der durch seine eigenen YouTube-Videos berühmt geworden war, nicht aus einer Fernseh-Talentshow oder Sitcom kam und keinerlei bedeutende „Plattform" hatte, niemals durchziehen konnte.

justinbieber

IM HYPED!!!
MADISON SQUARE GARDEN!!!!

1:02 PM - 31 Aug 10 via web

justinbieber

Its all really coming 2gether. Tonight I perform
with my heroes! MSG its almost time!

4:14 PM - 31 Aug 10 via ÜberTwitter

Zwei Jahre später auf der Bühne in New York: Erstaunlich, was sich seitdem alles verändert hat.

Na klar – ich roch die Herausforderung und war bereit, sie anzunehmen und alles zu tun, ganz egal, wie hart ich dafür arbeiten musste.

In meinem Kopf ging es um uns gegen den Rest der Welt. Und ich wusste: Wenn ich im ausverkauften „Garden" singen konnte, würden wir es mit jedem aufnehmen. Klar, auch wenn unser Ziel hochgesteckt war, wollten wir das durchziehen.

Zu unserer aller Überraschung kam genau ein Jahr später Scooter mit der Neuigkeit auf mich zu, dass nach zwei Tagen unsere erste USA-Tour ausverkauft war – und der Madison Square Garden nach 22 Minuten.

Meine erste Reaktion war: „Was?"

Obwohl ich hart dafür gearbeitet hatte, konnte ich nicht begreifen, was er mir sagte. Also fragte ich Scooter: „Ist das gut?"

„Und ob das gut ist, *echt* gut. Nur die Großen können eine ganze Tour in zwei Tagen ausverkaufen – und nur die Besten der Besten so schnell den MSG. Ich bin stolz auf dich."

Unser Ziel, den „Garden" auszuverkaufen, hatten wir zwar erreicht, doch wir haben unseren Erfolg nie richtig gefeiert, denn diese ausverkaufte Tournee – und speziell der „Garden" – war nur der erste Schritt. Nun standen wir unter dem Druck, eine große, lohnenswerte Show zu produzieren, die vielen meiner Fans bleibende Erinnerungen an ihre erste Liveshow bescheren würde. Dies war meine erste Tournee, die in die Schlagzeilen kam, und wir mussten allen beweisen, dass ich in der Lage war, meine eigene Show zu tragen, damit sie bei der nächsten Tournee wiederkommen würden – und bei der übernächsten … und der Tour darauf. Wir planten diese Tour also nicht nur für uns selbst, sondern auch für die Fans.

Am 23. Juni 2010 legten wir mit der USA-Tour los – im XL Center in Hartford, Connecticut – und spielten 38 Vorstellungen, bevor wir am 31. August im Madison Square Garden eintrafen. Wenn ihr den Film *Never Say Never* kennt, habt ihr ein ganz gutes Bild von den Tagen davor. Solltet ihr ihn nicht gesehen haben, schaut ihn euch an! Man kriegt einen guten Einblick in das, was bei einer Tournee abgeht – den ganzen Spaß unterwegs beim Zusammenstellen einer Show und die Treffen mit Fans –, erfährt aber auch, wie stark der Druck manchmal sein kann.

Durch das straffe Tourneeprogramm war meine Stimme sehr in Anspruch genommen – und das wurde schlimmer, je näher wir dem Konzert in New York kamen. Etwa eine Woche vor der Show ordneten meine Ärzte strikt an, meine Stimme zwischen den Auftritten zu schonen, um bleibende Schäden zu vermeiden. Doch auch wenn ich nicht sprechen durfte: Ich konnte texten und so mit meinen Fans über Twitter kommunizieren – oder auch durch mein Team, welches das Sprechen für mich übernahm.

Ich habe ja selten Muffensausen, aber dann war ich doch ein bisschen unsicher, ob ich an dem großen Abend voll in Form sein würde. Meine Shows sollen immer perfekt sein, doch ich wollte, dass vor allem der Abend im MSG für alle ein ganz besonderer würde. Bei dieser Show stand also eine Menge auf dem Spiel, auch wenn ich als Einziger die wahren Gründe dafür kannte.

Obwohl ich nicht hundertprozentig gesund war, erlaubten mir meine Ärzte, auf die Bühne zu gehen. Da stand ich also am Abend des 31. August 2010 auf einer der kultigsten Bühnen der Welt und sagte: „Wie geht's, New York City? Willkommen in meiner Welt. Heute Abend werden wir 'ne Menge Spaß haben. Ich habe 'nen Haufen Überraschungen für euch mitgebracht, Leute!" Ich war echt aufgeregt, im „Garden" zu spielen und so viele meiner Fans zu sehen, die diesen Meilenstein meiner Laufbahn unterstützten und annahmen. Ich wollte ihnen einen Abend bescheren, den sie niemals vergessen sollten; deshalb hatte ich einige Highlights geplant, von denen sie, wie ich hoffte, hin und weg sein würden.

An diesem Abend kamen einige der weltweit größten Stars mit mir auf die Bühne – zum Beispiel Usher, Boyz II Men, Ludacris, Sean Kingston, Jaden Smith and Miley Cyrus. Die Vorstellung im „Garden" war großartig und das New Yorker Publikum fantastisch. Wie Frank Sinatra singt: „If you can make it there, you can make it anywhere." Ich war so stolz, als in der darauffolgenden Woche in der New Yorker Presse und den Internetblogs von unserer Show als einer der ganz besonderen Vorstellungen in der Geschichte des MSG gesprochen wurde. Die Leute waren echt hin und weg. In der Presse wurde ich sogar erstmals mit einem meiner größten Vorbilder verglichen – Michael Jackson. Da bin ich ganz schön abgehoben!

Während der gesamten Tournee kündigte ich dem Publikum meinen Song „Never Say Never" stets mit dem Motto an, nach dem ich lebe: „Es wird Zeiten in eurem Leben geben, in denen Leute euch weismachen wollen, dies oder jenes könnt ihr nie. Ihnen sage ich dies: ‚Sag niemals nie!' Und diese Worte hatten nie eine größere Bedeutung für mich als an jenem Abend. Madison Square Garden – ein Meilenstein in meiner Karriere, den ich niemals vergessen werde.

AUFTRITT IM WEISSEN HAUS

Als ich zum ersten Mal gebeten wurde, für Präsident Obama und seine Familie zu singen, trat ich am 23. Dezember 2009 während eines Weihnachtskonzerts im Weißen Haus auf. Ich sang den großen Stevie-Wonder-Song „Someday at Christmas". Das war eine unglaubliche Ehre für mich und einer der wenigen Momente, in denen ich echt aufgeregt war. In meinem Video könnt ihr das an meinen Händen erkennen, denn ich wusste überhaupt nichts mit ihnen anzufangen. Mir ging es wie Will Ferrel in *Talladega Nights*. Ich war auch nicht wenig besorgt wegen meiner Stimme, die von der vorherigen Tournee ziemlich angeschlagen war, und wusste nicht, ob ich überhaupt singen konnte. Bis ich auf die Bühne ging, habe ich stimmlich buchstäblich „Pause" gemacht.

Nun weiß jeder, dass ich gläubig bin; also wusste ich irgendwie im Innersten meines Herzens, dass Gott bei mir sein würde – und so war es. Kurz bevor ich auf die Bühne kam, wurde ich ganz ruhig. In dem Moment wusste ich, dass Gott meine Gebete gehört hatte und bei mir sein würde, während ich sang. Und so hatte ich an dem Abend gar nicht das Gefühl, nur für *einen* Mächtigen, den Präsidenten, zu singen – es war, als ob auch Gott mir zuhörte. So viel zu den Mächtigen … Nein, ich stand überhaupt nicht unter Druck!

Das Verrückteste kam jedoch noch. In der Sekunde, als ich anfing zu singen, fühlte sich meine Stimme richtig gut an. „Someday at Christmas" hatte ich früher schon oft in der Kirche gesungen, daher kannte ich den Song. Gegen Ende wusste

ich, dass ich diesen einen großen hohen Ton in Angriff nehmen musste, obwohl meine Stimme ziemlich lädiert war. Und ich traf ihn – Big Man war bei mir!

Für den Präsidenten zu singen, war schon was Besonderes; aber noch besser war, ihn anschließend zu treffen. Während an dem Abend alle anderen ihm sehr förmlich die Hand gaben, sagte ich: „Wie geht's, Mann?", und hielt ihm zur Begrüßung die Faust hin. Zum Glück fand er das lustig!

Ich nehme an, der Präsidentenfamilie gefiel mein Auftritt, denn sie lud mich im April 2010 wieder ins Weiße Haus ein, zum jährlichen Ostereiersuchen. Dorthin ging ich mit Scooter, meiner Mom und Kenny Hamilton (meinem Tourneemanager und früheren Bodyguard). Nach der Eiersucherei wurden wir eingeladen, noch ins Oval Office zu kommen und mit dem Präsidenten über Basketball – die alljährliche März-Verrücktheit – zu reden. Also, das war echt cool! Als wir im Oval Office waren, erzählte Kenny dem Präsidenten, dass er bei der Marine gewesen war, und fragte ihn, ob er ein Foto mit ihm bekommen könnte. Der Präsident dankte Kenny für seine Dienste am Vaterland. Als er das Oval Office verließ, weinte Kenny echte Tränen – voller Stolz und Dankbarkeit für die Würdigung.

Präsident Obama ist echt ein sehr netter Typ – und nach dieser Begegnung kann ich verstehen, warum er in den Augen so vieler Menschen so besonders ist.

Ich bin der lebende Beweis
dafür, dass Träume wahr
werden. Arbeite hart. Bete.
Glaube.

Ich liebe Usher wie
einen Bruder – sein
Rat ist Gold wert.

„Vieles kannst du nicht
wissen, bevor du es
ausprobierst. Und die
einzige Art, etwas
herauszufinden, ist zu
scheitern – denn du
brauchst nur einen
Erfolg, um erfolgreich
zu sein."

— Scooter Braun

Mal seh'n, wie du hier
rauskommst, Scooter!

WIE BRÜDER

Scooter hat immer an mich geglaubt. Jedes Mal, wenn mir Zweifel kamen oder ich unsicher wurde, ob wir dies oder jenes hinkriegen würden, kam er zu mir und sagte:

"Der Einzige, der dich bremsen kann, bist du selbst. Wenn Leute in diesem Geschäft scheitern – ich meine, echt talentierte Leute –, dann nie wegen ihrer Musik, sondern immer durch ihr persönliches Leben. Bleib bei dir selbst und kümmere dich nicht um den Schwachsinn, den irgendwelche Leute sagen. Das bist nicht du – das sind sie. Das ist das ganze Negative, mit dem sie sich umgeben. Du willst an einem positiven Ort leben. Und Großes erlangt man nie auf leichtem Weg."

Scooter hat mir im Lauf der Jahre eine Menge beigebracht. Sein Rat hat mir geholfen, mich auf mein Ziel zu konzentrieren und meinen Entschluss, erfolgreich zu sein, im Auge zu behalten. Er ist klug und erfahren – auch mit Dingen, für die ich noch zu jung war. Manchmal lässt er mich echt nicht in Ruhe; doch ich weiß: Er will nur das Beste für mich. Je älter ich werde, desto stärker merke ich, dass seine Klugheit definitiv einen großen Einfluss auf mich hat. Außerdem habe ich großes Glück, dass alle Leute um mich herum extrem besonnen sind und nicht endlos immer nur "Ja" sagen. Das würde ich echt hassen, denn ich will auch aus den Fehlern anderer lernen. Abgesehen davon habe ich das beste Team der Welt – und das ist kein Zufall.

Meine Beziehung zu Usher ist wie die zu einem großen Bruder. Wenn wir im Studio sind und er in die Aufnahmekabine geht, schalte ich völlig um auf Ehrfurcht. Usher und ich haben für das Album *Under the Mistletoe* ein Duett zusammengeschnitten, es heißt "The Christmas Song". Und da ich mich gern mit anderen messe, will ich die schwierigen Töne so treffen wie er. Es war das erste Mal seit meinem Stimmbruch, dass wir einen Song zusammen auf-nahmen. Und obwohl er eines meiner musikalischen Vorbilder ist, hatte ich nicht vor, mich von ihm vorführen zu lassen; also strengte ich mich mächtig an, um die großen Läufe hinzukriegen und mit viel Kopfstimme anzuheizen. Wenn ich ihn jedoch singen höre und sehe, was er kann, wird mir jedes Mal klar, warum ich zu ihm aufblicke und tief im Herzen immer ein Usher-Fan sein werde. Doch ich kann von Glück sagen, dass er ein noch besserer Freund als Mentor ist. Er ist wirklich etwas ganz Besonderes.

In gewisser Hinsicht habe ich eine Menge älterer Brüder und Schwestern, die da sind, wenn ich über die Stränge schlage. Scooter, Usher, Kenny, Fredo, Allison, Ryan, Matrix, Scrappy, Moshe (mein Bodyguard), Mike und Dan – sie alle sind da und verhindern, dass ich zu viel Mist baue. Manchmal streiten wir, doch am Ende weiß ich, dass jeder einzelne meiner Kumpel hinter mir steht und ich hinter ihnen.

Wir sind wie echte Brüder – eine Familie, die auf Loyalität und Vertrauen baut.

„Ich rechne es Justins Mom Pattie hoch an, dass sie von Anfang an auf ihren Sohn aufgepasst hat. Sie ist sehr gläubig. Ich weiß, dass sie immer gebetet hat, und sie betet bis heute für Justins Team. Was man an den Leuten um Justin herum sehen kann, ist im Grunde die Antwort auf ihr innigstes Gebet, Justin möge von Menschen umgeben sein, die ihn lieben und schützen. Damit sage ich nicht, dass immer alles um ihn herum rund läuft; doch für die Leute, mit denen er die meiste Zeit verbringt, haben sich ihre Gebete erfüllt."

– Kuk Harrell, Vocal Producer

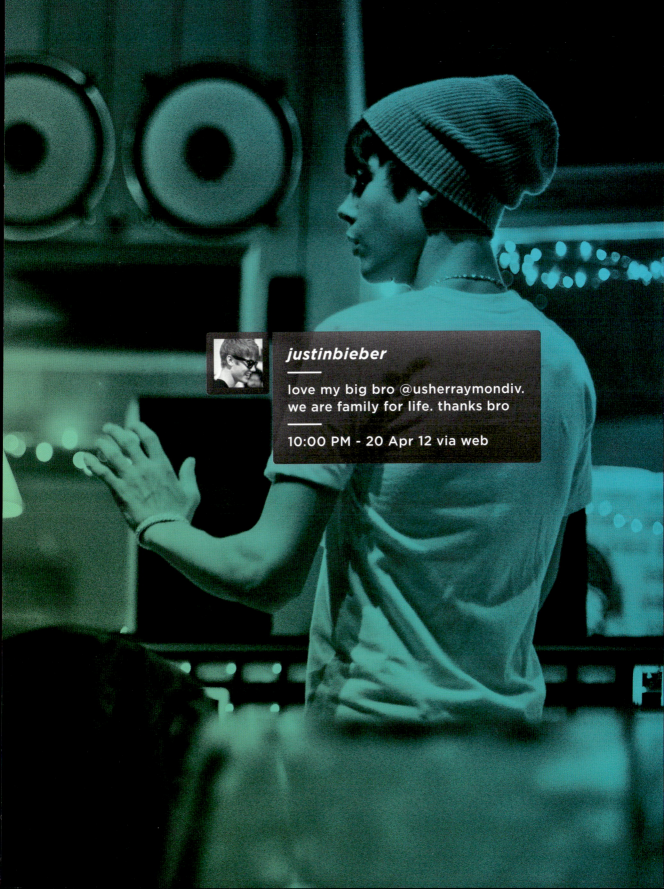

justinbieber

love my big bro @usherraymondiv.
we are family for life. thanks bro

10:00 PM - 20 Apr 12 via web

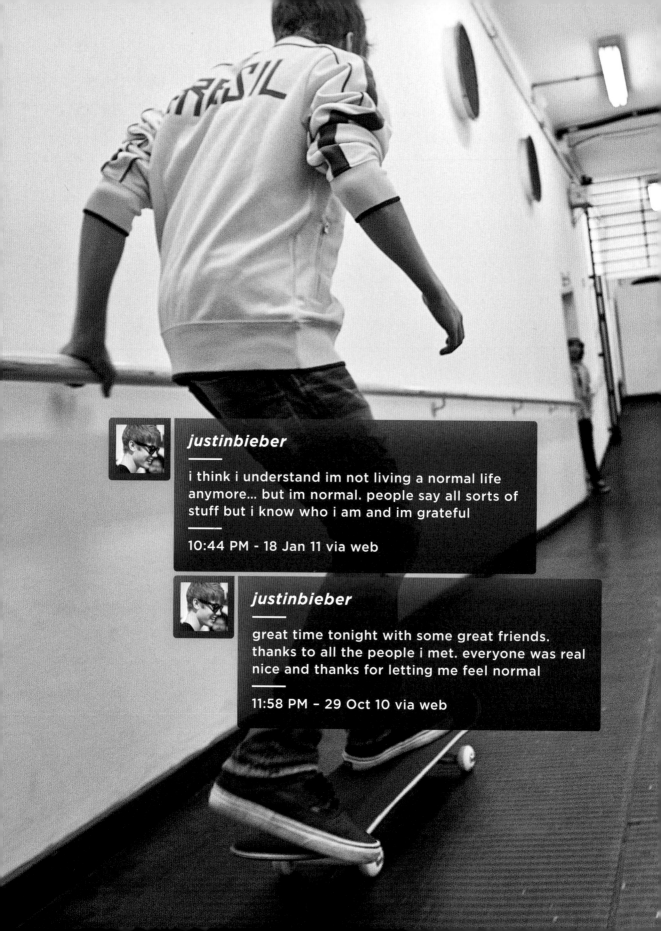

justinbieber

i think i understand im not living a normal life anymore... but im normal. people say all sorts of stuff but i know who i am and im grateful

10:44 PM - 18 Jan 11 via web

justinbieber

great time tonight with some great friends. thanks to all the people i met. everyone was real nice and thanks for letting me feel normal

11:58 PM - 29 Oct 10 via web

BLEIB DIR SELBST TREU!

Memphis, Tennessee
31. Juli 2010

Ich war schon gut einen Monat lang unterwegs auf der ersten Station meiner Nordamerika-Tournee mit dem Album *My World,* als Ryan und Chaz, meine Freunde aus Stratford, zu Besuch kamen. Scooter kam bei mir im Hotel vorbei und sah mich aus dem Fenster hinunter auf den Parkplatz schauen.

„Was ist los mit dir? Du siehst aus wie der traurigste Kerl auf der Erde!"

„Ryan und Chaz sind da und skaten", sagte ich, drehte mich wieder zum Fenster um und sah sie dort unten lässig mit ihren Skateboards herumfahren, während Tausende meiner Fans sich um das Hotel sammelten, ohne Notiz von ihnen zu nehmen. Meine Kumpel genossen eine Freiheit, die ich nicht länger besaß. Ich wollte nur noch normal sein und mit meinen Freunden Skateboard fahren. Doch ich wusste: Wenn ich jetzt runtergehe, bricht ein totales Chaos aus.

„Willst du runter und Skateboard fahren?", fragte Scooter.

„Ja … aber ich versteh schon." Ich wusste, dass Scooter sah, dass ich fertig war, aber irgendwie hatte ich es kapiert. Ein gewöhnlicher Junge zu sein war für mich nicht mehr drin. Also versuchte

ich, erwachsen zu sein und es zu akzeptieren. Und doch fühlte ich mich wie ein Goldfisch im Glas, während meine Freunde dort unten waren.

Scooter ertrug es nicht, mich so zu sehen. „Los, komm schon. Pack dein Skateboard – wir gehen Skaten!"

„Was?!" Ich dachte, er nimmt mich auf den Arm. Wie konnte ich da runtergehen, ohne einen totalen Tumult zu verursachen? Doch Scooter bestand darauf. „Du wirst Skateboard fahren. Vertrau mir", sagte er.

Scooter schien einen Plan zu haben. Also ging ich mit. Ich schnappte mir mein Skateboard – und auf dem Weg hinunter grinste ich mein breitestes Grinsen.

„Warte hier." Scooter hielt die Hand hoch, damit ich wartete und locker blieb, während er hinausging, um zu der Menge zu sprechen. Scooters Anblick genügte, um sie in Aufregung zu versetzen. Fast jeder um mich herum ist inzwischen irgendwie berühmt; wenn also Fans meinen Kumpel Alfredo (auch Fred genannt), meinen Musikregisseur Dan, Kenny, Scooter, Allison oder sonst jemanden aus meinem Team zu Gesicht kriegen, drehen sie durch. Es ist irgendwie verrückt, aber gleichzeitig auch gut, weil so ein wenig Druck von mir selbst abfällt.

„Ich habe die unglaublichsten Fans der Welt – und ich bin dankbar für jeden einzelnen."

Scooter redete mit den Fans wie mit guten Freunden. Er kennt sie, und sie kennen ihn – und wenn er sie um etwas bittet, können wir meistens die Dinge möglich machen. Manchmal werden sie so laut, dass sie nicht hören können, was er sagt. An diesem Abend aber blieben sie ganz besonders cool.

„Hört mir mal zu: Seht ihr die Jungs dort drüben? Das sind Justins Freunde, Ryan und Chaz. Justin hat oben gerade gedacht, er könnte nicht mehr wie ein ganz normaler Junge einfach runterkommen und mit ihnen skaten. Wir wissen aber, dass ihr ihn genug respektiert, um ihm diesen Moment zu gönnen und ihn mit ihm zu teilen. Das ist was ganz Besonderes. Also möchte ich mit euch einen Deal machen: Er wird jetzt rausgehen – und später kommen wir rüber, und Justin wird Gruppenfotos mit euch machen. Wir werden was ganz Besonderes miteinander teilen, wie es viele Fans noch nie erlebt haben. Ihr werdet ihn einen Abend lang ganz einfach als gewöhnlichen Jungen mit seinen Freunden sehen. Wir werden nicht schreien und keine Fotos machen. Wir werden ihn nicht um Autogramme bitten. Wir lassen ihn einen Abend lang einen normalen Jungen sein – abgemacht?"

Und genau so war es dann auch. Als Scooter sich umdrehte und ging, rief einer der Fans hinter ihm her: „Sag Justin, wir wollen, dass er ganz normal sein kann."

Ich ging raus und sagte: „Das habe ich gehört. Danke. Heute Abend werde ich ein gewöhnlicher Junge sein. Ich weiß das zu schätzen!" Und so war es: spitzenmäßig!

Dann fuhr ich etwa eineinhalb Stunden Skateboard. Und alle meine Fans saßen auf dem Bürgersteig und sahen mir zu, ohne Aufregung und Tamtam.

Wie versprochen ging ich anschließend zu ihnen hinüber, und wir machten lauter Zehnergruppenfotos. Ich habe die unglaublichsten Fans der Welt – und ich bin dankbar für jeden einzelnen. Während wir ein Foto nach dem anderen aufnahmen, dankte ich ihnen allen; dann ging ich wieder hinauf und bereitete mich auf die Show vor. Eines ist trotzdem merkwürdig an dieser Geschichte: Wenn meine Fans einmal nicht das Hotel belagern, bringt mich das sogar richtig durcheinander, denn zu wissen, dass sie da sind, beruhigt mich. Und wer weiß: Vielleicht erlebe ich ja noch mehr solcher Situationen mit euch! Danke!

Zeit dafür zu finden, ein
ganz normaler Teenager zu
sein, ist echt schwierig –
aber nicht unmöglich. Meine
Fans respektieren mich und
erlauben mir, normal zu
sein, wenn ich den Platz
dafür brauche.

ZEIT DER ENTSCHEIDUNG

**Orlando, Florida
4. August 2010**

SCOOTER:

Justin führte sich vor der Show in Orlando etwas merkwürdig auf – ich ahnte, dass irgendwas los war, wusste aber nicht was. Wir gerieten in einen Streit – was selten vorkommt, vor allem nicht unmittelbar bevor er auf die Bühne geht. Ich weiß nicht mal mehr, worum es ging, aber ich weiß, dass es nicht sonderlich wichtig war. Einer meiner Jungs war dabei und hörte unseren Wortwechsel. „Mann, musst du ihn so anschreien, kurz bevor er auf die Bühne geht?"

„Das verstehst du nicht. Wenn Justin auf der Bühne ist, legt er einen Schalter um – und alles, was vorher war, berührt ihn nicht mehr." Dessen war ich mir sicher und daher keine Spur besorgt, dass unser Gespräch seinen Auftritt irgendwie beeinflussen könnte.

Und tatsächlich legte Justin eine fantastische Show hin. Mein Freund konnte nicht glauben, dass er so wütend auf mich war und doch in dem Moment, wo er auf die Bühne ging, alles weg war. Mich überraschte das ganz und gar nicht. Der Junge ist ein geborener Performer. Sobald er auf die Bühne kommt, ist er ganz da oben. Wenn er herunterkommt, bleibt das Adrenalin noch eine Weile oben, aber schließlich wird er wieder ein ganz normaler Teenager.

Zugegeben, ich war ein wenig genervt von unserem Streit vor der Show und wollte wissen, was mit ihm los war. Als das Konzert vorbei war, ging ich also zu ihm hin und sagte: „Teambesprechung!"

„Warum?"

„Das weißt du ganz genau."

Ich holte jeden, der wichtig war, in eine der Garderoben, sah Justin an und sagte einfach nur: „Um was geht's? Du bist irgendwie komisch. Was ist los mit dir?"

Da tat Justin etwas, das ich nur selten bei ihm gesehen habe: Er brach zusammen und weinte.

Ich schickte alle anderen hinaus, denn es war offensichtlich, dass hier ein ernstes Gespräch unter vier Augen nötig war. Justin setzte sich und erzählte mir, er wollte nicht berühmt sein und könnte den Druck nicht mehr aushalten. Er sprach davon, dass er nicht mehr einfach rausgehen und irgendetwas tun konnte, weil jedes Mal Tausende von Kids vor dem Hotel warteten. Überall, wohin er auch geht, sind Leute um ihn herum. Er erklärte, dass er auf der einen Seite alle gern sah, weil er wusste, dass sie sich für ihn interessierten; aber gleichzeitig war er auch ein verlegener Sechzehnjähriger, der einfach normal sein wollte.

Er tat sein Bestes, um auszudrücken, wie er sich fühlte – und ich tat alles, um ihn ausreden zu lassen, bis er sich geborgen und anerkannt fühlte.

Als Justin zu Ende geredet hatte, holte ich tief Luft und sagte: „Wir haben hier zwei Möglichkeiten – wir können die Teenager-Popstar-Sache machen, ohne langfristigen Karriereplan, und ein paar Jahre auf dieser Welle reiten, und dann ist deine Karriere gemacht – und damit meine ich: vorbei; oder wir halten an unserem derzeitigen Plan fest, treten in Michael Jacksons kreative Fußstapfen und bauen eine langfristige Karriere auf – was dir etwas bescheren wird, das nur er geschafft hat: eine dauerhafte Karriere.

Wenn du den Michael-Jackson-Weg gehen willst, musst du begreifen, dass du kein normaler Junge mehr sein kannst. Du musst damit zurechtkommen, dass die Welt ab jetzt in dein Leben gehört und du genauso ein Teil von ihr bist wie sie von dir. Ich kann diese Entscheidung nicht für dich treffen, Junge. Du selbst musst jetzt entscheiden, was aus dem hier werden soll."

Justin war ganz still – vielleicht etwas zu still. Doch dann sah er mich an und sagte: „Ich will mich mit Kobe Bryant treffen."

Mich traf fast der Schlag.

„Ich habe alles erwartet – nur das nicht: Warum willst du denn Kobe Bryant treffen?"

„Weil ich glaube, dass er seine ganze Karriere hindurch dem Geist von Michael Jordan nachgejagt ist – aber egal, was er macht, die Leute werden niemals sagen, er sei so gut wie Michael Jordan. Und ich will wissen, wie er damit zurechtkommt. Und ich will wissen, ob es das wert ist."

Zugegeben – damit hatte er recht. Also sagte ich: „Okay – ich arrangiere ein Treffen mit Kobe Bryant für dich."

Bevor wir zurück ins Hotel gingen, sah ich ihn an und sagte: „Egal wie du dich entscheidest: Ich habe dir was versprochen, als du dreizehn warst."

„Ich weiß."

Justin stand direkt vor mir, sodass ich ihm in die Augen sehen konnte.

„Ich werde mich immer auf dich verlassen können, aber ich werde dich auch anschieben, damit du das Bestmögliche aus dir herausholst, solange du das willst."

„Ich werde Justin immer dazu ermuntern, ein authentisches Leben zu führen und alles dafür zu tun, um echt zu sein."

— Scooter Braun

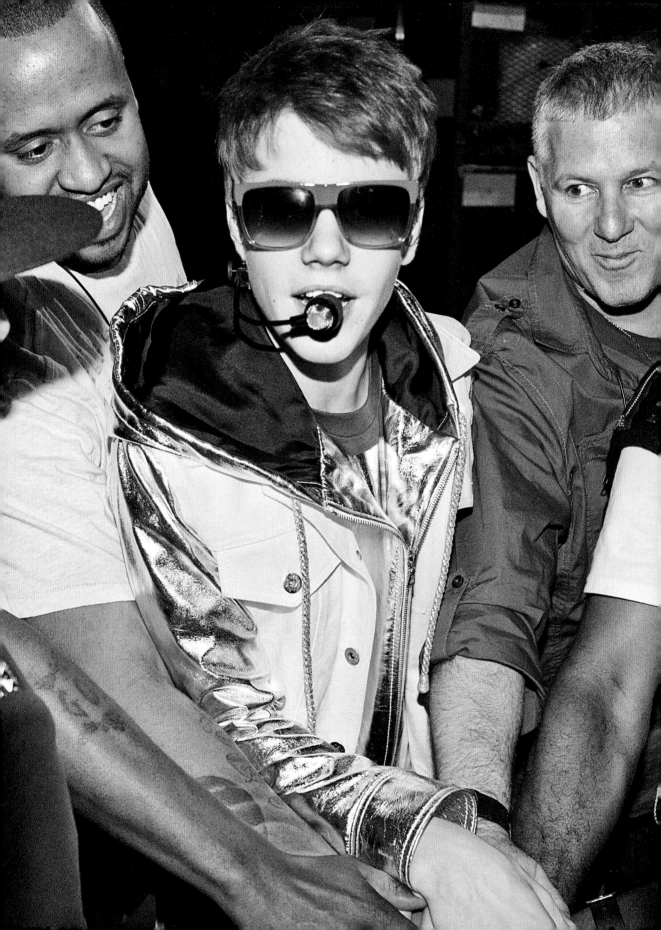

Er sah mich so ernst an wie noch nie und sagte: „Ich bin cool – und ich will. Ich verstehe, aber manchmal ist es wirklich schwer."

Und wisst ihr was? Er hatte recht. Manchmal ist es schwer, aber das Leben ist eben schwer, und das Beste im Leben bekommt man nicht ohne harte Arbeit, Entschlossenheit und Ausdauer.

Justin und ich blieben in der Arena und redeten bis nachts um halb zwei. Schließlich haben wir uns wieder versöhnt – wie immer, wenn es so weit kommt. Als wir gehen wollten, waren bereits sämtliche Autos weg, bis auf diesen einen Typen mit seinem alten Toyota. Noch immer warteten draußen vor der Arena einige Kids auf Justin. Wir rechneten uns aus, dass sie ihn niemals in dieser alten Kiste vermuten würden; also setzten wir ihn auf die Rückbank und fuhren zum Hotel.

Seit dieser Nacht reden wir, immer wenn es hart auf hart kommt, über Orlando. Er hat über das Ganze nie wieder wie damals gesprochen, aber es gibt Momente, da ahne ich, dass diese Gefühle wieder in ihm hochkommen.

Vor allem aber hat Justin sich mit seinem Leben, so wie es ist, ausgesöhnt und gelernt, es zu genießen. Das ist nun schon einige Jahre her – und heute kennt er kaum noch etwas anderes.

Dieses Gespräch fand einigermaßen früh in seiner Karriere statt – noch vor seiner 30. Vorstellung; deshalb konnte ich seine Verwirrung auch verstehen. Alles war schließlich neu und, zugegeben, für uns alle ein wenig überwältigend. Seither hat Justin in 180 ausverkauften Stadien und Arenen gespielt – und vor dem Präsidenten und seiner Familie mittlerweile drei Mal. Silvester hat er vor mehr als einer Milliarde Menschen gesungen und ist zu einer weltberühmten Ikone geworden. Doch trotz all dieser Erfahrungen ist und bleibt er für mich *The Kid*.

Ich ermutige Justin immer wieder dazu, ein authentisches Leben zu führen und alles zu tun, um echt zu bleiben. Ich bin stolz, sagen zu können: Durch seine Mom und alle, die von Anfang an um ihn herum waren, hatte er immer ein großes Maß an Stabilität im Leben. Jedes Kind, ob berühmt oder nicht, braucht das; und dies ist ein wichtiges Element für ihn, um auch unter nicht normalen Umständen einigermaßen normal zu bleiben.

DAS TREFFEN MIT KOBE

Kurze Zeit nach meinem Gespräch mit Scooter in Orlando arrangierte er, wie versprochen, ein Treffen mit Kobe Bryant. Wir trafen uns in L. A. zu einem Dinner, und ich konnte mit ihm über die Sache mit Michael Jordan reden – unter vier Augen. Als ich Kobe fragte, wie er seine Position im Basketball sah, verglichen mit M. J., sagte er mir, er sehe in ihm ein Ziel und hoffe, dass man am Ende seiner Karriere sehen würde, was er auf seinem eigenen Weg erreicht habe. Er sprach darüber, dass er als Basketballspieler sein Bestes geben wolle und jemanden wie Michael Jordan als Vorbild betrachte – sich aber über Vergleiche anderer Leute keine Gedanken mache.

Ich war hin und weg von seiner Sichtweise. Ich fühlte mich durch jedes seiner Worte angesprochen und wollte noch mehr wissen. Ich war neugierig und fragte ihn, welche Art von Musik er vor einem Spiel hört, um sich in Stimmung zu bringen. Kobe sah mich irritiert an.

„Bei den Olympischen Spielen haben D. Wade und Lebron immer Musik gehört, aber ich verstehe das nicht. Ich bin ein Attentäter und bereit, jeden Moment anzugreifen." Seine Reaktion war heftig, doch dann breitete sich plötzlich ein breites Grinsen in seinem Gesicht aus.

Ich war echt begeistert von dieser Kriegerhaltung. Kobe ist allzeit bereit, den Wettkampf aufzunehmen – eine überwältigende Eigenschaft, die ich in meinem Leben gern erreichen möchte.

Da ich gehört hatte, dass Kobe auch Michael Jackson gekannt hatte, sprachen wir noch eine Weile über ihn. Er erzählte, Michael habe stets die Großen, ihre Bewegungen, ihre Songs, einfach alles studiert, um sich deren Kenntnisse und Erfahrungen anzueignen. Diese Philosophie klang mehr als plausibel, und ich beschloss, sie sofort für mich und meine weitere Laufbahn zu übernehmen. „Übung macht den Meister" – diesen Satz würde ich lieber ändern in: „*Perfekte Übung macht den Meister*". Wenn du schlechte Methoden trainierst, entwickelst du schlechte Gewohnheiten. Aber wenn du richtig und mit den richtigen Mentoren trainierst, kannst du großartig werden.

Zum ersten Mal verstand ich, dass ich wohl nie mehr ein normaler Junge sein würde. In meinem Leben kann es keine Normalität geben; doch ich muss mich deshalb nicht verrückt machen. Eine Menge Leute zählen auf mich; also muss ich mich entscheiden, was ich tue und was nicht. Mein Verstand ist genauso wichtig wie mein Können, und ich will ein Künstler werden, ein Entertainer, der mit den Jahren immer perfekter wird. Was ich an dem Abend von Kobe gelernt habe, war: Ich kann mich nur bemühen, mein Bestes zu geben; der Rest kommt von allein.

Work hard.
Play hard.
Box hard.

„Das Sprichwort, Übung macht den Meister' finde ich sehr vernünftig. Je mehr du trainierst, desto besser wirst du."

Vor Beginn dieser fantastischen Reise war ich nie aus Kanada herausgekommen. Jetzt bin ich durch die ganze Welt gereist und habe viele erstaunliche Dinge gesehen. Deshalb möchte ich meine Geschichte mit anderen teilen – und damit zeigen, dass alles möglich ist.

Ich zeige meine Liebe für Barcelona – die Fans, der Fußball, die Stadt.

KAPITEL 2
RUND UM DIE WELT

NORDAMERIKA:

VEREINIGTE STAATEN
HARTFORD
TRENTON
CINCINNATI
MILWAUKEE
MINNEAPOLIS
DES MOINES
MOLINE
OMAHA
GRAND PRAIRIE
TULSA
BROOMFIELD
WEST VALLEY
EVERETT
PORTLAND
OAKLAND
RENO
LOS ANGELES
LAS VEGAS
GLENDALE
KANSAS CITY
NORTH LITTLE ROCK
MEMPHIS
LAFAYETTE
ORLANDO
SUNRISE
CHARLOTTE
DULUTH
NASHVILLE
INDIANAPOLIS
COLUMBUS
AUBURN HILLS

ALBANY
PROVIDENCE
NEWARK
NEW YORK CITY
SYRACUSE
ESSEX JUNCTION
ALLENTOWN
TIMONIUM
HONOLULU
SACRAMENTO
ONTARIO
ANAHEIM
SAN JOSE
SAN DIEGO
OKLAHOMA CITY
SAN ANTONIO
HOUSTON
ST. LOUIS
LOUISVILLE
CLEVELAND
NORFOLK
PHILADELPHIA
BOSTON
EAST RUTHERFORD
ATLANTIC CITY
MANCHESTER
PITTSBURGH
GREENSBORO
GREENVILLE
MIAMI
TAMPA
BIRMINGHAM
ATLANTA

MEXIKO
MONTERREY
MEXIKO STADT

KANADA
TORONTO
LONDON
OTTAWA
WINNIPEG
REGINA
SASKATOON
EDMINTON
CALGARY
MONTREAL

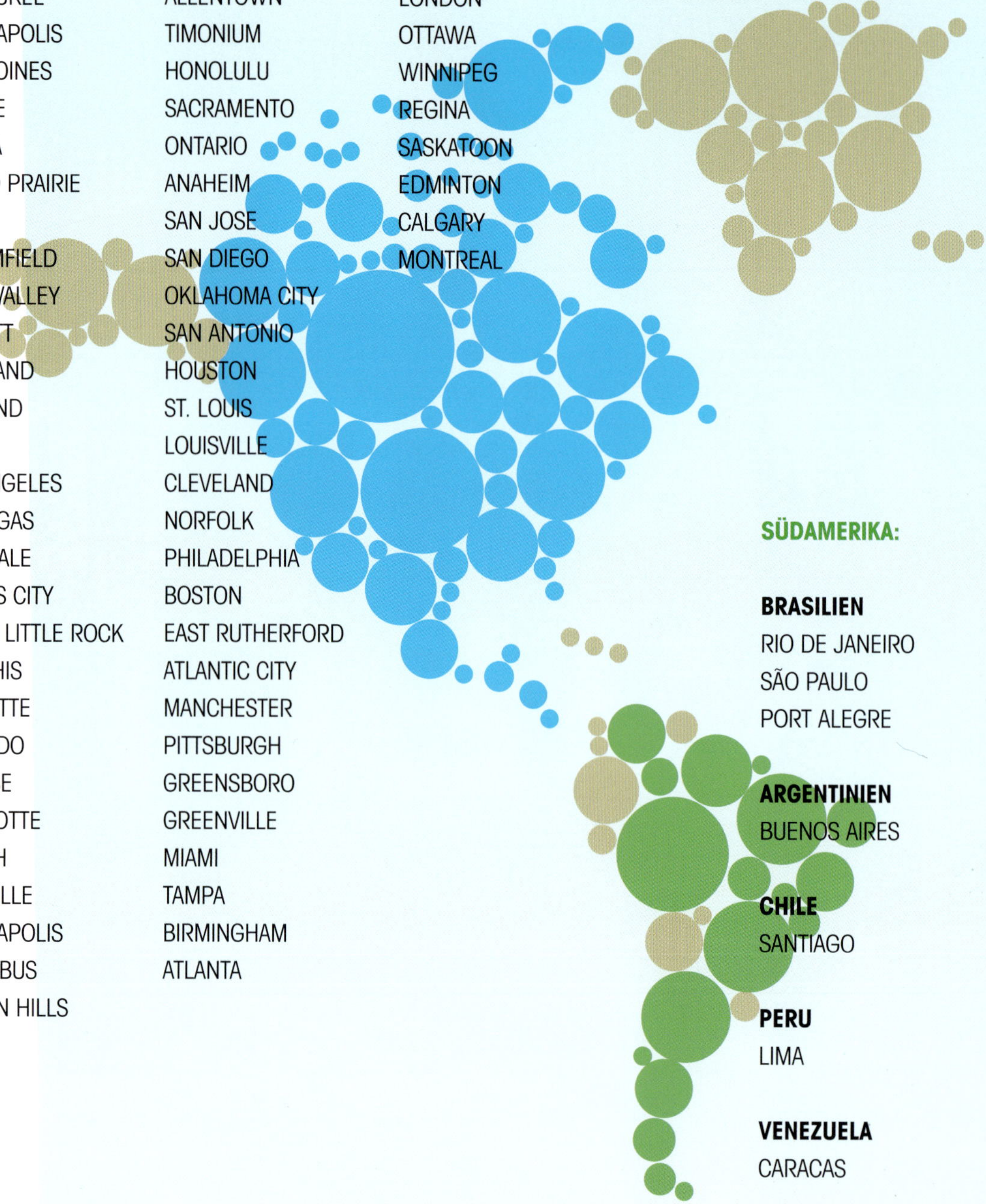

SÜDAMERIKA:

BRASILIEN
RIO DE JANEIRO
SÃO PAULO
PORT ALEGRE

ARGENTINIEN
BUENOS AIRES

CHILE
SANTIAGO

PERU
LIMA

VENEZUELA
CARACAS

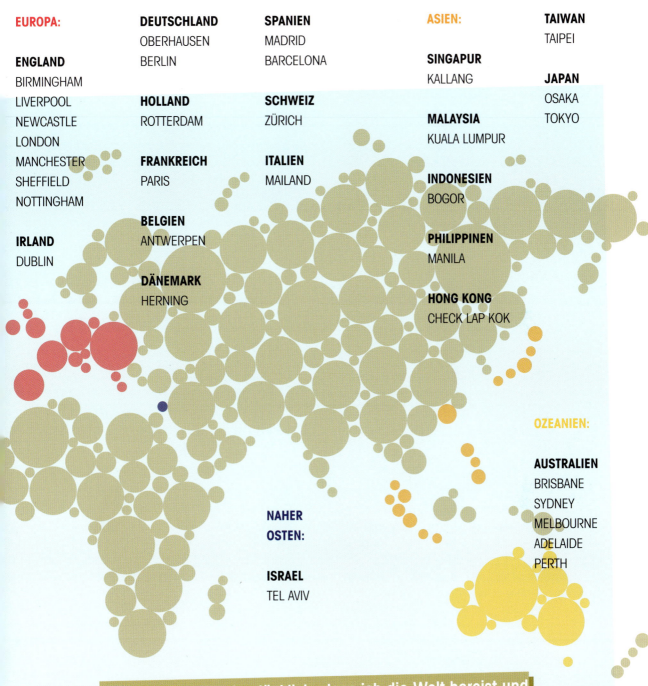

EUROPA:

ENGLAND
BIRMINGHAM
LIVERPOOL
NEWCASTLE
LONDON
MANCHESTER
SHEFFIELD
NOTTINGHAM

IRLAND
DUBLIN

DEUTSCHLAND
OBERHAUSEN
BERLIN

HOLLAND
ROTTERDAM

FRANKREICH
PARIS

BELGIEN
ANTWERPEN

DÄNEMARK
HERNING

SPANIEN
MADRID
BARCELONA

SCHWEIZ
ZÜRICH

ITALIEN
MAILAND

**NAHER
OSTEN:**

ISRAEL
TEL AVIV

ASIEN:

SINGAPUR
KALLANG

MALAYSIA
KUALA LUMPUR

INDONESIEN
BOGOR

PHILIPPINEN
MANILA

HONG KONG
CHECK LAP KOK

TAIWAN
TAIPEI

JAPAN
OSAKA
TOKYO

OZEANIEN:

AUSTRALIEN
BRISBANE
SYDNEY
MELBOURNE
ADELAIDE
PERTH

„Ich bin wahnsinnig glücklich, dass ich die Welt bereist und
so viele fantastische Orte, Menschen und Kulturen gesehen
habe. Meine erste Welttournee war unglaublich – schaut
euch an, wo wir überall waren! Und meine nächste Tournee
wird noch größer und besser. Ihr dürft gespannt sein!"

PARIS UND BARCELONA

Wenn wir auf Tournee sind, arrangiert Allison meistens fantastische Ausflüge – besonders, wenn wir rund um die Welt reisen. Statt in einem Buch über all die Dinge zu lesen, kriege ich sie zu Gesicht. Manchmal klappt das gut – manchmal aber auch nicht. Als wir in Paris waren, wollte ich zum Beispiel den Louvre, den Eiffelturm und die berühmten Straßen in der Stadt der Lichter sehen. Im Louvre allerdings war es ziemlich verrückt. Tausende von Leuten waren aus demselben Grund dort wie ich – sie wollten die legendären Kunstwerke sehen. Als sich herumsprach, dass ich im Museum war, schien Mona Lisa plötzlich nicht mehr die Einzige zu sein, von der man ein Foto machen wollte. Wie können Leute nur mehr daran interessiert sein, mich zu fotografieren – statt sie? Mir kam das völlig unsinnig vor, doch bevor ich begriff, was los war, jagte schon eine Menge hinter mir her durchs Museum und versuchte, mich zu fotografieren. Ehrlich – ich bin *längst* nicht so interessant wie die fantastische Kunstsammlung dieses Museums. Trotzdem musste ich irgendwann das Museum verlassen, weil es zu sehr störte.

Auf der anderen Seite bringt meine Situation manchmal auch Privilegien mit sich. Als wir zum Beispiel in Barcelona waren, wurde ich eingeladen, bei einem Fußballtraining des FC Barcelona mitzuspielen. Diese Gelegenheit kriegt sonst niemand. Mein Freund Ryan, mit dem ich zu Hause in Kanada Fußball gespielt habe und aufgewachsen bin, war dabei. Als Kinder waren wir beide in der All-Star-Mannschaft; deshalb erfüllte sich für uns ein Traum, und es war echt aufregend, als wir gefragt wurden, ob wir im Barcelona-Team mitspielen würden. Wir durften aufs Fußballfeld und dort mit trainieren – ich bekam sogar ein eigenes Mannschaftstrikot. Das hat echt Spaß gemacht, und ich muss sagen, wir haben uns gut gehalten gegenüber den Jungs (na, vielleicht haben sie uns auch gelassen!); ich habe sogar ein Tor geschossen – also, das war ziemlich cool. Es hieß, wir wären die Einzigen in dem Jahr gewesen, die mit den Barcelona-Spielern herumgekickt hätten. Das war wirklich eine große Ehre.

justinbieber

sorry i have been away but been a lot of futbol and shows...and just seeing everything. I LOVE **SPAIN!**

2:10 PM - 6 Apr 11 via web

OBEN UND UNTEN:
Meine Golfstunde –
natürlich schaffte ich
„Hole-in-one"!

BRASILIEN

Als wir in São Paulo waren, lud mich ein brasilianischer Geschäftsmann zusammen mit einigen aus der Crew zum Golfspielen auf seinem privaten Golfplatz ein. Genau – er hatte einen eigenen Golfplatz hinterm Haus! Es war irre: Jedes einzelne Loch war einem seiner Lieblingslöcher auf berühmten Golfplätzen rund um die Welt nachgebaut. Die Einladung kam in letzter Minute – also hatte niemand von uns Golfschläger oder richtige Golfklamotten mit; aber es war eine einmalige Gelegenheit, zu der wir nicht Nein sagen konnten! Ich erlaubte mir einen Spaß mit den anderen und löste die Kordeln, mit denen die Schläger hinten am Golfwagen befestigt waren – sodass, wenn sie losfuhren, ihre Tasche hinten runterfiel. Schließlich entdeckte einer meinen Streich und band auch meine Tasche los, die daraufhin einen langen Hügel hinabrollte. Ich musste sie wiederholen und den ganzen Weg bis zum Wagen zurücklaufen – während alle anderen lachten.

Halt – bin ich gerade auf den Arm genommen worden? Oder haben die Jungs die Nase so voll von mir, dass ich eine Portion meiner eigenen Streiche abbekommen habe?

Wie auch immer, keiner wollte für den Taschenstreich verantwortlich sein; doch ich weiß, wer du bist, und du kannst sicher sein: Rache ist süß! Oh ja, der Tag wird kommen … dann ist die Rache mein!

Bergauf mit schwerem Gepäck - ich werde mich rächen!

justinbieber

great game of golf this morning in SAO PAULO... now off to the show!! ROUND 2

1:29 PM - 9 Oct 11 via web

Meine Philosophie: Liebe so viel du kannst, und streu deine Liebe, so weit es dir möglich ist. São Paulo – das war für dich.

BIEBERMANIA: LIVERPOOL, ENGLAND

In Liverpool zu spielen war für mich die Erfüllung eines absoluten Traums, denn hierher kamen die Beatles. Ich war total aufgedreht, weil ich durch die Straßen der Beatles gehen würde, doch am Ende wurde nichts daraus.

Wenn Amerika in den Sechzigerjahren von einer Beatlemania überrollt wurde, so erhielt Liverpool 2011 eine Dosis Biebermania. Als ich zu der Beatles-Tour aufbrechen wollte, hatte sich vor meinem Hotel bereits eine so große Menge versammelt, dass die Polizei drohte, mein Team einzusperren, sollte es noch einmal versuchen, rauszugehen; und so hatte ich keine Chance, das Gebäude zu verlassen. Draußen warteten zu viele Kids, und die Polizei hatte einfach nicht genügend Leute, um die Menge zu kontrollieren. Sie musste sogar die Straße absperren! Das war das Verrückteste, was ich auf meiner Europatournee zu sehen bekam. Die Lage war so angespannt, dass die Sicherheitskräfte mir nicht mal erlaubten, auf den Balkon zu gehen! Ich konnte fast nur noch in meinem Hotelzimmer rumhängen und mich bis zu meinem Auftritt mit Videospielen beschäftigen.

Am nächsten Tag bekam ich endlich die Erlaubnis, mein Versprechen einzuhalten und das Kinderkrankenhaus in Liverpool zu besuchen. Obwohl ich den Besuch zuvor mit dem Krankenhaus vereinbart hatte, ahnte keines der Kinder, dass ich

kommen würde; und so war mein Besuch superwichtig und eine totale Überraschung. Als ich durch die Tür kam, war ich der Letzte, den sie erwartet hatten. Aus vielen Gründen wurde Liverpool unvergesslich für mich – vor allem aber wegen der Zeit im Kinderkrankenhaus an diesem Tag. Es war wirklich etwas ganz Besonderes, sie lächeln zu sehen – erst recht, als ich jedem von ihnen eins der Plüschtiere übergab, die ich mitgebracht hatte. Solche Momente mit Kindern wie diesen zu teilen, macht mich echt glücklich.

Ich versuche immer, ein Kinderkrankenhaus vor Ort zu besuchen oder ein Kind der Make-A-Wish-Foundation zu treffen. Auf dieser Tournee besuchte ich während meiner Nordamerika-Station 86 Städte und bemühte mich, in jedem Ort ein „Wunsch"-Kid zu treffen. Ein paar Stunden mit ihnen zu verbringen ist nur eine kleine Geste, mit der ich etwas zurückgeben kann – und das mache ich sehr, sehr gern. Es ist traurig und manchmal echt schwer, so viele kranke Kinder zu sehen; aber auch motivierend zu erleben, wie sie sich ihrer Krankheit nicht einfach überlassen und wie stark sie sind und um ihr Leben kämpfen. Mit ihnen Zeit zu verbringen erinnert mich an all das, was im Leben wirklich wichtig ist, und daran, was für ein Glück ich habe, das tun zu können, was mir am meisten Spaß macht, während so viele andere Leute nie die Gelegenheit dazu bekommen.

Im Kinderkrankhaus in Liverpool: Es ist so wichtig für mich, anderen etwas zurückzugeben.

Happy Birthday, Mom.
Ich liebe dich.

justinbieber

sick show in Berlin... brought @studiomama
on stage 2 sing her happy bday but she lit her
hair on fire with the candles. lol. i saved her.

3:00 PM - 2 Apr 11 via web

BERLIN

Mein Auftritt in Berlin war etwas ganz Besonderes, denn ich wollte meine Mom mit einem Geburtstagskuchen überraschen, den ich ihr während der Show auf der Bühne überreichen wollte. Allison (die sich um meine tagtäglichen Dinge kümmert) ging los und besorgte eine fantastische Torte, die wir hinter der Bühne versteckten. Meine Mom hatte nicht erwartet, dass ich ihr während der Show gratulieren würde – aber ich meine: wieso nicht? Als ich die Show unterbrach, holte Kenny sie auf die Bühne. Ich sah, dass sie nervös war. Sie fragte dauernd: „Was ist denn los?" Sie tut immer so, als wüsste sie nicht, was abgeht, aber lasst uns ehrlich sein: Mütter wissen immer, was los ist!

Als sie auf die Bühne kam, erwartete sie eine große Torte mit leuchtenden Kerzen drauf, sodass ich zusammen mit dem Publikum „Happy Birthday" für sie singen konnte. Als sie sich dann vorbeugte, um die Kerzen auszupusten, fielen ihre Haare nach vorn und fingen Feuer! Im Nu kletterte die Flamme von den Haarspitzen nach oben zum Kopf. Mom erschrak, während ich blitzschnell in ihre Haare griff und die Flamme löschte, bevor es echt gefährlich wurde. Alles ging dermaßen schnell, dass ich nicht mal sicher bin, ob sie begriff, was passiert war. Ich sah, dass sie immer noch verlegen war, und als sie ihre verbrannten Haare roch, beugte ich mich zu ihr herüber und sagte: „Keine Sorge, Mom, ich habe dich gerettet!"

Später am Abend überraschte ich sie mit einem weiteren Geschenk, das sie nicht erwartet hatte.

Während der Studioaufnahmen in Frankreich mit neuen Stücken hatte ich auch den Boyz-II-Men-Song „Mama" aufgenommen – nur für sie. Scrappy, mein Bühnenmanager, war der Einzige, der was davon wusste. Als wir mit den Aufnahmen fertig waren, gefiel ihm das Lied so sehr, dass er mich fragte, ob er es auch seiner Mom geben dürfte!

Zu Moms Geburtstag in diesem Jahr habe ich ein weiteres Lied aufgenommen – es heißt „Turn to You". Ich habe es zum Muttertag 2012 veröffentlicht, und alle Einnahmen gehen an Wohltätigkeitsorganisationen für alleinerziehende Mütter.

TEL AVIV, ISRAEL

Als wir in Israel waren, organisierten meine Mom und Scooter eine Woche für uns, in der wir herumfahren und uns einiges ansehen konnten. Das war echt cool, denn mein Dad und Scooters Eltern kamen dazu und begleiteten uns. Obwohl wir alle zusammen arbeiten, sagt es, glaub ich, eine Menge über unser Team aus, dass wir auch unsere freien Tage miteinander verbringen. Wir haben im Lauf der Jahre so viel miteinander erlebt, an so unglaublichen Orten der Welt, dass wir eine eng verbundene Familie geworden sind!

In Jerusalem zu sein, war ein außergewöhnlich intensives Erlebnis für mich; die Stadt ist voller Geschichte, und so viele Ereignisse der Bibel, über die ich in der Sonntagsschule gelesen und von meiner Mom in der Kirche gehört habe, sind dort passiert. Ich meine: Das ist der Ort, an dem Jesus über die Erde wandelte! Das ist echt stark. Für mich war es eine Gelegenheit, all die heiligen Orte ganz persönlich, mit meiner Familie und meinen engsten Freunden zu erleben. Letzten Endes wollte ich, wie jeder andere Tourist auch, die verschiedenen historischen Stätten sehen. Aber natürlich musste ich akzeptieren, dass ich nicht ganz so wie jeder andere Tourist bin; also gab es eine Reihe von Hürden zu überwinden, um das möglich zu machen.

Unglücklicherweise waren die Paparazzi dort extrem aggressiv – und so gab es Zeiten, in denen ich zwar versuchte rauszugehen, aber nicht weit kam. Das machte mich ziemlich traurig, denn ich hatte mir das alles anders vorgestellt. Wenigstens konnte ich sehen, wo Jesus begraben wurde, wo er ans Kreuz geschlagen wurde und wohin Moses sein Volk geführt hatte.

Meine Mom wusste, dass ich ganz schön geknickt war; deshalb organisierte sie Strandbuggys für uns alle, mit denen wir in der Wüste über buckelige Pisten und, ob ihr's glaubt oder nicht, durch tonnenweise Schlamm fuhren. Es war fantastisch! Irgendwie fanden wir sogar einen Ort, an dem man draußen Snowboard fahren konnte – auf künstlichem Schnee, der so was wie künstlicher Rasen war, nur eben weiß. Da wir nicht die üblichen Dinge machen konnten, fanden wir ganz zufällig Wege, um eine echt gute Zeit miteinander zu verbringen und es uns richtig gut gehen zu lassen.

Alfredo und ich in unserem Strandbuggy: Zu Beginn unserer Fahrt war es noch nicht so dreckig!

Mit Jaden und Alfredo: Wer hätte gedacht, dass man in Israel Snowboard fahren kann?

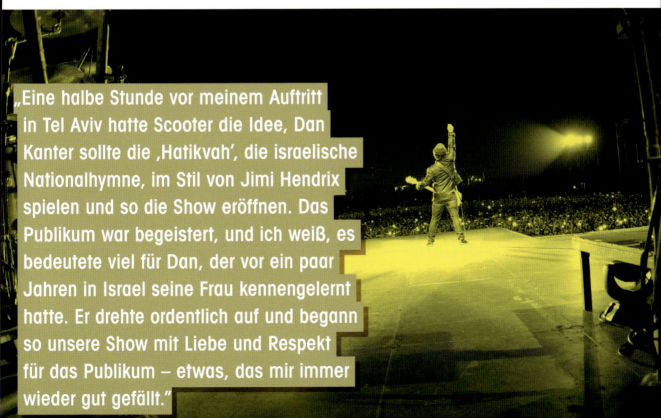

„Eine halbe Stunde vor meinem Auftritt in Tel Aviv hatte Scooter die Idee, Dan Kanter sollte die ‚Hatikvah', die israelische Nationalhymne, im Stil von Jimi Hendrix spielen und so die Show eröffnen. Das Publikum war begeistert, und ich weiß, es bedeutete viel für Dan, der vor ein paar Jahren in Israel seine Frau kennengelernt hatte. Er drehte ordentlich auf und begann so unsere Show mit Liebe und Respekt für das Publikum – etwas, das mir immer wieder gut gefällt."

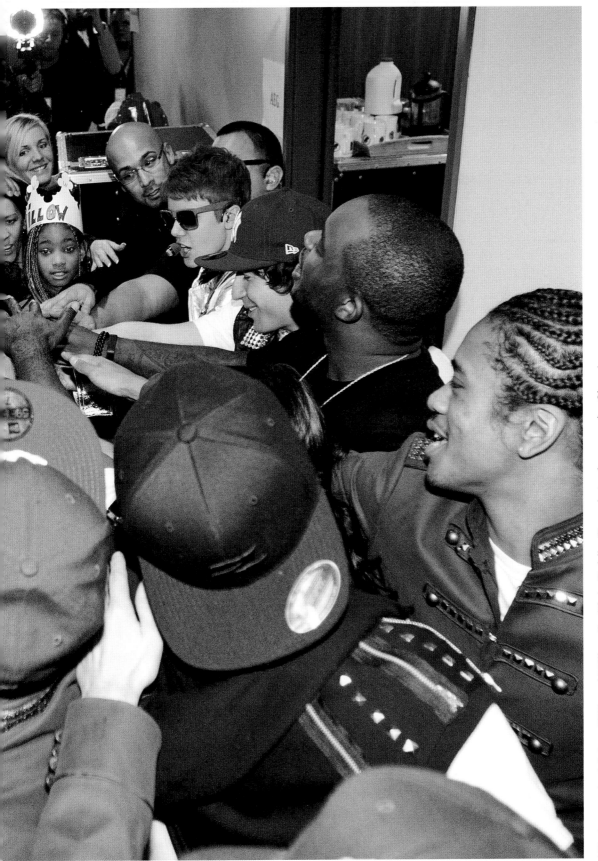

Mit den unglaublichen Will und Willow Smith in Dublin. Energie tanken vor der Show!
So bringt man die Party ins Rollen!

justinbieber

After a long 24 hours and some crazy plane trouble we finally made it out. Thank you to Indonesia and our secret day in BALI.

1:35 AM - 26 Apr 11 via Twitter for BlackBerry®

LINKS: Hier lasse ich meinen inneren *Zoolander* am Strand in Bali raus.

BALI, INDONESIEN

Auf unserer Tournee durch Indonesien 2011 bot uns ein Geschäftsmann sein Haus für einige Tage zum Ausruhen an. Glücklich nahmen wir das großzügige Angebot dieses Mannes an, und so machten meine Mom, Scooter, Carin, Dan, Kenny, Fredo, Moshe und ich uns auf nach Bali. Ich muss zugeben: Es war echt gut, mitten in dem Trubel eine Pause einzulegen – besonders, als wir dort ankamen und die fantastische 10-Zimmer-Villa an dem allerschönsten Vulkanstrand aus schwarzem Sand sahen. Wie ihr wisst, bin ich schrecklich gern überall am Strand, aber Bali war etwas Besonderes, weil wir die ganze Villa für uns allein hatten. Es gab keine Störungen, keine Verpflichtungen – und das Beste von allem: keine Paparazzi. Es war echt cool.

Am Abend unserer Ankunft, als die Wellen des Ozeans bis vor unser Haus schlugen, holte Dan seine Gitarre raus und spielte stundenlang. Wir sangen alle mit und machten dabei sogar eigene Texte. Jeder musste zwei Takte spielen und anschließend die nächsten zwei Zeilen an seinen rechten Nachbarn weitergeben. Wir erfanden zusammen lauter komische Lieder und sangen und lachten bis zwei oder drei Uhr morgens.

Ich hatte die Gelegenheit, mit einem Wakeboard über die Wellen zu gleiten – zusammen mit Fredo und Moshe, der sich trotz seiner irrsinnigen Kräfte kaum auf dem Brett halten konnte! Fredo gelang es allerdings ein paarmal, sich draufzustellen. Wir drei hatten jede Menge Spaß.

In diesen Tagen kamen mir Ideen für einen Song mit Dan namens „Be Allright". Dan hatte mich dazu ermutigt, Songs mit persönlicherem Inhalt zu schreiben – also über Dinge, die ich aus eigener Erfahrung kenne und die mich selbst betreffen. Er hat mich inspiriert, beim Schreiben tiefer zu gehen, und während ich an dem makellosesten Strand saß, den ich je gesehen habe – auf der anderen Seite der Erdkugel –, floss der Song nur so aus mir heraus. „Be Allright" ist ein Lied über Fernbeziehungen – etwas, mit dem Dan und ich viel anfangen können, weil wir so viel Zeit unterwegs sind.

HONGKONG, CHINA

Nach meinem letzten Auftritt in Hongkong hatten wir nur noch wenige Tage frei, also beschlossen Fredo und ich, durch die Straßen zu ziehen und die Märkte dort zu erkunden. Es gibt keinen besseren Weg, die Kultur eines Landes zu entdecken, als sich auf die Socken zu machen und zu erkunden, wie die Leute leben. Wir verbrachten den ganzen Tag damit, uns anzusehen, was sie alles verkaufen: von Essen und Lebensmitteln, die ich nie zuvor gesehen hatte – und die ich nur zögernd probieren würde –, bis hin zu interessantem Zubehör für mein iPhone, zum Beispiel Weitwinkelobjektiven und Stativen. Wir bummelten stundenlang rum und hatten eine super Zeit, ohne dass mich irgendjemand erkannte! Es war ergreifend, und ich habe es genossen, denn solche Momente, in denen ich ein ganz normaler Tourist sein kann, sind äußerst selten für mich.

Mein Bodyguard Moshe spricht fünf Sprachen, allerdings keine von den asiatischen; deshalb hatten wir während unseres Aufenthalts einen Dolmetscher bei uns. Als wir alles Mögliche im Kopf herumwälzten, was wir tun könnten, schlug er vor, eine Jacht zu chartern und vom Wasser aus die Gegend zu erkunden. Meine Mom war begeistert von der Idee und fand einen Ort, wo wir für einen Tag ein Boot mieten konnten.

Ja! Das sollte ein fantastisches Abenteuer werden! Im Jachthafen wartete schon dieses wunder-

schöne Boot namens *Tara* auf uns. Wir – Fredo, Carin, Ryan, Dan, Kenny, Allison, meine Mom und ich – wollten diesen außergewöhnlichen Tag miteinander genießen. Als sich das Boot von der Stadt entfernte, verschwand ihre Skyline langsam am Horizont. Der Kapitän segelte mit uns durch ein Gebiet mit lauter Höhlen und üppigen Hügellandschaften. Dann plötzlich drückte er den Gashebel mit voller Kraft nach unten, und wir rasten wie in einem James-Bond-Film durchs Wasser. Die Haare flogen uns allen um die Ohren, besonders den Mädchen. Meine blieben natürlich perfekt (ha, ha), aber ihre waren am Ende dermaßen zerzaust – das war echt witzig !

Als das Boot schließlich langsamer fuhr, kamen wir an einen wunderschönen Privatstrand am Fuß dieser saftig grünen Hügel. Es war so friedlich dort und der perfekte Ort, um den Rest des Tages hier zu verbringen. Wir hatten den Strand ganz für uns allein, und es war fantastisch. Wir chillten, lachten und genossen die absolute Ruhe und die Schönheit dieses Ortes. Solche Augenblicke sind selten und helfen mir, mich zu motivieren und Abend für Abend wieder auf die Bühne zu gehen und alles, was ich habe, euch dort draußen zu geben. Ich hatte einen super Tag mit allen und war wieder voller Energie für unseren Auftritt in Taiwan, der nächsten Station auf unserer Tournee – wo ich mich total ins Zeug gelegt habe!

Justin Bieber: Just Getting Started – Alles ist möglich

„In Hongkong war ich echt überrascht, nach meinem ersten
Auftritt einen Blumenstrauß von
einem meiner Lieblings-Action-
Filmstars, Jackie Chan, über-
reicht zu bekommen. Ich bin
jedes Mal erstaunt, wer alles
auf mich zukommt; aber
diesmal war ich hin und weg,
weil ich eine solche Geste
nicht von jemandem erwartet
habe, den ich so bewundere und
respektiere und dem ich bisher
nie begegnet war."

Dear Justin ,
Welcome to Hong Kong
Good Show !!
With Love ,
Jackie Chan

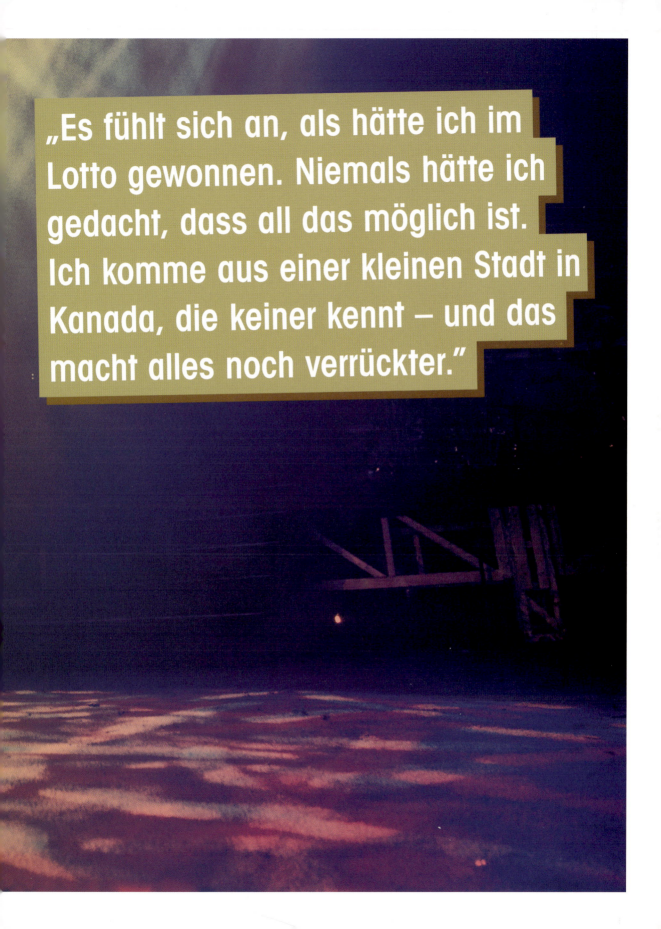

„Es fühlt sich an, als hätte ich im Lotto gewonnen. Niemals hätte ich gedacht, dass all das möglich ist. Ich komme aus einer kleinen Stadt in Kanada, die keiner kennt – und das macht alles noch verrückter."

Ich will erfolgreich und gut sein in dem, was ich tue. Ich will der Beste sein. Und um das zu erreichen, muss ich so hart arbeiten, wie ich kann, nett zu anderen sein und sie mit Respekt behandeln.

--

Auf der Bühne in Barcelona: Ich strecke die Hand aus – nach jedem von euch!

KAPITEL 3

DER
WEG
ZUM
ERFOLG

KING OF PINGPONG

Von Natur aus bin ich ein Wettkämpfer. Ich spiele Hockey, Basketball und Fußball. Zu Hause, in meiner Schule in Stratford, war ich Leichtathlet, denn ich messe mich gern mit anderen. Ich habe keine Angst vor Wettkämpfen. Egal, wer oder was mich herausfordert, mein Ziel ist es stets, zu siegen. Ich bin einer von den Jungs, die sich etwas in den Kopf setzen und es dann durchziehen. Was ich auch tue – ich will immer der Beste sein. Diese Eigenschaft nervt manchmal, besonders beim Tischtennis. Wenn du spielen willst, musst du es angehen!

Auf unserer Tour durch Südamerika haben wir zu jedem Veranstaltungsort eine Tischtennisplatte mitgenommen. Einmal habe ich gewettet, gegen jeden in meiner Crew zu gewinnen – und bisher hat mich niemand geschlagen, nicht mal Scooters Dad, der eine echte Herausforderung ist, oder Scrappy, der wirklich gut spielt – aber nicht gut genug! Ha! Ich bin mir sicher: Wenn es mit meiner Karriere als Sänger nicht klappt, kann ich immer noch als Profi-Pingpongspieler auf Tour gehen.

> „Wenn wir nur das tun, was wir gut können, lernen wir nie etwas Neues."

In Wahrheit aber bin ich ein echt schlechter Verlierer; wenn also jemand tatsächlich ein Spiel gewinnt, ist das erstens reiner Zufall, und zweitens spiele ich dann immer wieder gegen ihn, bis ich den Titel zurück- und auch die nächsten vier Spiele gewonnen habe, nur um klarzustellen, dass ich immer noch der Champion bin. Ich muss gewinnen – wozu spiele ich sonst? So ist es mit allem, was ich mache – egal, ob es um meine Musik geht oder um Poolbillard. Wenn ich richtig gut werden will, übe und übe ich – so lange, bis ich der Beste bin.

Als ich anfangs auf die Bühne ging, dachte ich, ich könnte einige ganz gute Tanzschritte – doch verglichen mit den anderen Tänzern hatte ich noch kaum Erfahrung und war, na ja, ein bisschen unbeholfen. Die anderen Jungs tanzten präzise, ausgefeilt und fließend – all das, was ich auch können wollte. Also studierte ich ihre Bewegungen und übte morgens, mittags und abends, bis ich sie beherrschte. Ich lernte jedes ihrer Solos auswendig bis hin zur Perfektion. Und eines Tages, während einer Probe, irgendwann auf unserer Europatournee, platzte ich damit heraus. Ich tanzte alle Solos genau richtig – und ich glaube, damit habe ich die anderen ganz schön überrascht. Es hat keinen Sinn, etwas zu tun, wenn du dich nicht bemühst, das Beste aus dir herauszuholen. Ich bin noch meilenweit davon entfernt – und muss mir noch mehr Mühe geben ... ha, ha!

„Verglichen mit den anderen Tänzern hatte ich noch kaum Erfahrung – also studierte ich ihre Moves und übte morgens, mittags und abends, bis ich sie beherrschte."

justinbieber

#pranksteronthelooooooose

10:16 PM - 1 Apr 12 via web

justinbieber

solid game of hide and go seek at the hotel...we
have the entire floor to our crew...had to do it!
#childishgamesareepic

11:48 AM – 22 Apr 11 via web

VERSTECKSPIEL

Anders als bei einer Menge anderer Künstler, die älter sind als ich, erlaube ich keinen Alkohol hinter der Bühne – weder vor oder während noch nach den Auftritten; und in den meisten Fällen gibt's anschließend auch keine Party oder so was.
Wir treten auf, und normalerweise geht's danach direkt zurück ins Hotel, damit wir alle vom Adrenalin runterkommen. Aus Sicherheitsgründen müssen wir manchmal einen ganzen Flur im Hotel belegen. Es passiert nicht oft, aber wenn, dann spielen wir manchmal stundenlang Verstecken. Das ist total lustig, denn normalerweise übernachten wir an wirklich schönen Orten. Es ist schon ungewöhnlich, einen langen Flur entlangzugehen, wenn sämtliche Zimmertüren offen stehen; echt cool, denn auf so einem Hotelflur gibt es eine Menge großartiger Verstecke. Manchmal kriegen wir den Hotelmanager dazu, das Licht im Flur auszumachen, und dann spielen wir im Stockdunkeln. Ein dunkler Hotelflur kann einem schon ein bisschen Angst einjagen, aber es macht total Spaß!

Könnt ihr ein Geheimnis bewahren?

Okay, dann probiert mal Folgendes aus. Was die meisten der Crew nicht wissen, ist: Ich spreche mich bei diesen Spielen mit bestimmten Leuten ab. So erzähle ich meiner Mom oder Allison, wo ich mich verstecken werde, und benutze sie als Umleitung. Wenn jemand sie dann fragt, ob sie mich gesehen haben, sagen sie „Nein" oder schicken ihn in die entgegengesetzte Richtung, sodass er mich nicht findet. Ich habe euch ja schon gesagt: Beim Versteckspiel geht es ums Überleben der Stärksten!

„Mir ist es wichtig, Kind zu bleiben – selbst, wenn ich älter werde. Schließlich bin ich auch nur ein ganz normaler Typ."

Mir ist es wichtig, Kind zu bleiben – selbst, wenn ich älter werde. Schließlich bin ich auch nur ein ganz normaler Typ, der rumhängen, Videospiele spielen und mit Freunden rumalbern will. Trotz meiner Karriere glaube ich, ist es verdammt wichtig, auf dem Boden zu bleiben, so gut es geht – und zum Glück bin ich mir da mit meiner Crew einig, egal, worum es geht; auch wenn sie Versteckspiele ertragen oder mir zehn Minuten vor einem Auftritt sagen müssen, dass ich jetzt mit dem Videospiel aufhören soll, in das ich gerade vertieft bin. Es kommt gar nicht selten vor, dass ich mitten in einem erbitterten NBA-2k12-Kampf stecke, während die Uhr auf der Bühne dem Countdown entgegentickt und damit die Stimmung von 40 000 schreienden Fans anheizt. Scrappy kommt dann oft in meine Garderobe, um mein Mikro einzustellen, und ich sag ihm, ich muss erst das Spiel zu Ende machen. Natürlich passiert das immer mittendrin. Klassisches Teenager-Zeug.

Inzwischen bin ich älter geworden – und es gibt Zeiten, in denen ich nach einer Show losziehen und mit der Crew Spaß haben will; dann gehen wir manchmal kegeln oder dergleichen. Als wir in Brasilien waren, wollte ich alle mit einer After-Show-Party überraschen. Die Tournee war fast zu Ende, und ich fand die Idee prima, ein bisschen abzuhängen. Da ich noch zu jung bin, um in einen Nachtklub zu kommen, dachte ich, es wäre cool, wenn wir einen Klub mieten und die ganze „Familie" einladen. Alle haben dann auch gern die Gelegenheit genutzt, ein bisschen Dampf abzulassen. Und Brasilien war genau der richtige Ort dafür!

„Ein Star zu werden, schien unmöglich zu sein. Es war wie zum Mond fahren oder im Lotto gewinnen – du träumst nicht mal davon, dass das passiert."

„Mein Weihnachts-album gewann zweimal Platin weltweit. Normaler-weise kommen Weihnachtsalben gar nicht so weit; doch für mich war es noch nicht gut genug. Denn für eine Kämpfernatur wie mich gibt's immer noch Raum für Verbesserungen."

Auf der Bühne in Berlin. Für meine Fans spielen zu können, ist immer ein bisschen wie Weihnachten für mich.

KAPITEL 4

DAS GRÖSSTE GESCHENK

justinbieber

thank you to everyone who made
Under The Mistletoe the #1 ALBUM on
BILLBOARD! pretty crazy!#muchlove

7:59 PM - 12 Nov 11 via web

justinbieber

thank you to all the fans out there supporting
my new album #UnderTheMistletoe - I love u.
Happy HOLIDAYS! #PLATINUM

11:10 AM - 14 Dec 11 via web

UNDER THE MISTLETOE

Als wir die Idee hatten, ein Weihnachtsalbum zu machen, glaubte wohl niemand in meinem Team, dass das dermaßen explodieren könnte, wie es bei *Under the Mistletoe* der Fall war. Ich jedenfalls nicht. Zunächst dachten wir an eine kleine EP oder auch nur eine Weihnachtssingle, aber als ich dann die ganzen Songs schrieb, merkten wir, dass wir eine unglaubliche Menge an Material hatten – genug für ein Album in voller Länge mit 14 Liedern –, also entschieden wir uns dafür. Ich wollte auch einige Klassiker bringen, aber hauptsächlich meine eigenen Songs.

Nachdem dieser Beschluss gefasst war, planten wir, zunächst einige Internetvideos und ein paar größere Videos zu produzieren, um so die Werbetrommel anzukurbeln und die Fans neugierig zu machen.

Und dann kam der Anruf von Mariah Carey, die gehört hatte, dass ich ein Weihnachtsalbum machen wollte. Sie schlug mir einen gemeinsamen Remix ihres Hits „All I Want for Christmas Is You" vor – als Duett. Dieser Anruf war für mich das Surrealste überhaupt. Mariah Carey – rief *mich* an?!

#Swaggy

Natürlich sagte ich zu, und wir nahmen für das Album dann auch Usher und Boyz II Men mit ins Boot.

Am 1. November 2011 veröffentlichten wir *Under the Mistletoe*. Auf diesem Album sollten meine Fans zum ersten Mal in meiner Stimme einen Unterschied zu *My World* hören. Jeder wusste, dass ich im Stimmbruch gewesen war; was wir nicht vorausahnen konnten, war, wie die Fans meinen neuen Sound finden würden. Dann aber dachte ich: Auch meine Fans gehen durch die Pubertät – warum sollten sie also deshalb ausrasten? Plus: Ich glaube an meine Fans und weiß, dass sie mich hundertprozentig unterstützen; deshalb ging ich davon aus, es wäre keine so große Sache. Das Album verkaufte sich weltweit drei Millionen Mal – und das schockte alle. Es wurde das erfolgreichste Weihnachtsalbum in der Geschichte meines Labels. Wir ahnten zwar, dass es nicht schlecht war – aber nicht, dass es so grandios werden würde. Obwohl es ein Weihnachtsalbum war, wurde es eines der meistverkauften Alben des Jahres; das ist eine Leistung, auf die ich mächtig stolz bin, und ich danke meinen Fans, die mir halfen, das möglich zu machen.

MASSEY HALL

Alle kanadischen Künstler brennen darauf, im Laufe ihrer Karriere mal in der Massey Hall in Toronto zu spielen. Und alle großen kanadischen Künstler haben hier schon gespielt – von Neil Young bis hin zu Celine Dion. Der Abend, an dem ich dort spielte, war eine Art Rückkehr nach Hause. Als kleiner Junge habe ich draußen auf den Stufen des Avon Theater in Stratford gesungen und so getan, als wäre ich in der Massey Hall – in der Hoffnung, ich wäre eines Tages Headliner an dieser berühmten Bühne.

In der Massey Hall zu spielen, war in gewisser Weise ein Doppelerfolg, denn Dan stammt aus Toronto – und so war der Auftritt auch für ihn eine Art Heimkehr und für uns beide etwas bislang ganz Besonderes. Seit Monaten trat ich in großen Arenen und Stadien auf, und obwohl es mit großem Druck verbunden war, auch an diesem Abend an einem Veranstaltungsort dieser Größenordnung zu spielen, beschloss ich, in der Massey Hall die MuchMusic-Show „Home for the Holidays" zu spielen, denn ich wollte diesem Auftritt eine ganz persönliche Note geben und das auch das Publikum spüren lassen.

Plus: Es war die einzige richtige Chance, mein Weihnachtsalbum mit meinen kanadischen Fans zu teilen. Die Idee bestand darin, etwas Besonderes zu machen und ihnen auf meine Art etwas zurückzugeben.

Außerdem wollte ich die Dinge auch ein wenig anders machen, als es unserer Routine entsprach. Ich dachte, es wäre bestimmt cool, einen Abend lang mal nicht der große Popstar zu sein, der seine übliche Theatershow zeigt. Ich wollte einfach ein Junge sein, der dem Publikum in seiner Heimatstadt eine intime akustische Vorstellung gibt – nur meine Fans und ich, die zusammen lachen und gemeinsam Lieder singen. Um das Ganze richtig anzugehen, brachten wir ein einziges Klavier und zwei Gitarren auf die Bühne – eine für Dan und eine für mich. Das war's. Eine Show kann wohl kaum intimer sein.

Obwohl ich eine lockere Setlist parat hatte, gab es nichts, an dem ich festhalten wollte – was für einen Bühnenkünstler ziemlich ungewöhnlich ist. Diese Show sollte mir die Gelegenheit geben, zu tun, was immer ich wollte, und zu spielen, wonach mir gerade war.

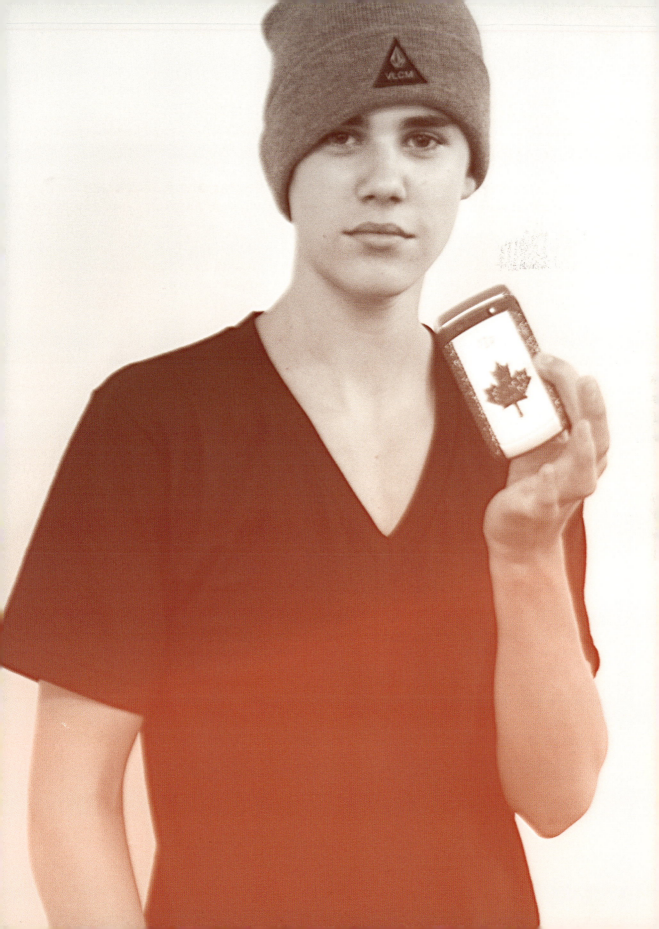

Da dies eine Weihnachtsshow war, verkleidete sich Scrappy als Elf und brachte heißen Kakao mit auf die Bühne – er sah aus wie einer der Helfer von Santa Claus! Er sagt, in Kanada sehen Elfen anders aus als in den USA. Ich habe keine Ahnung, wovon er redet!

Ich sollte nur etwa 45 Minuten bis eine Stunde spielen; die Stimmung im Saal war aber so herzlich, dass ich über zwei Stunden auf der Bühne blieb! Ich spielte, was mir gerade in den Sinn kam, und erfüllte Wünsche aus dem Publikum, indem ich fragte: „Was wollt ihr alle am liebsten hören?"

Für mich bedeuten Feiertage, mit meiner Familie zusammen zu sein; also holte ich auch meine kleine Schwester Jazmyn auf die Bühne, und zusammen sangen wir unsere Version von „Baby". Ganz ehrlich: Ich glaube, an dem Abend hat sie mir glatt die Show gestohlen. Aufgepasst – ein neues Bieber-Talent ist im Kommen!

Alles in allem war der Abend in der Massey Hall unvergesslich. Es war definitiv eine einmalige Erfahrung für meine kanadischen Fans, meine Freunde und meine Familie, die alle kamen, um diesen speziellen Auftritt mitzuerleben. Und es war die beste Art, die Promotiontour für das Weihnachtsalbum zu beenden und in die Feiertage zu starten.

justinbieber

Tonight was special. No rules. Music, family, friends, fans, charity, and music. Thank you. #HomeForTheHolidays

8:37 PM - 21 Dec 11 via UberSocial for BlackBerry®

justinbieber

Great day so far. All about #givingback today. #HomeForTheHolidays

1:14 PM - 21 Dec 11 via UberSocial for BlackBerry®

„Der Junge hat Soul." – Stevie Wonder

THE X FACTOR

**Hollywood, Kalifornien
22. Dezember 2011**

Als ich gebeten wurde, im Finale der amerikanischen Castingshow *The X Factor* aufzutreten, war zunächst der Plan, „All I Want for Christmas Is You" zu singen – mein Duett mit Mariah Carey, das vor Kurzem herausgekommen war. Wir hatten das Video zusammen gemacht, aber wegen anderweitiger Verpflichtungen konnte Mariah nicht rechtzeitig zurück in Los Angeles sein, um mit in der Show aufzutreten. Also wollten wir die ganze Sache absagen; doch dann rief Simon Cowell Scooter an und sagte: „Wir brauchen Justin wirklich im Finale. Es bedeutet mir so viel. Kannst du das nicht möglich machen?"

eines denken: Stevie Wonder sitzt vor mir und singt und spielt Keyboard und Solos auf seiner Mundharmonika. Ich meine – kann's überhaupt noch cooler werden?

Wir wechselten uns mit unseren Solos ab, als wir plötzlich zusammen am Klavier saßen und uns gegenseitig Ideen vorspielten und überlegten, wie der Song gespielt werden sollte. Es dauerte nicht lange, und wir waren dabei, neue Lieder zusammen zu schreiben. Stevie spielte mir ein Lied vor, das er vor einiger Zeit geschrieben hatte und von dem er glaubte, ich könnte das gut singen. Ich habe von klein auf Stevie-Wonder-Songs gesungen; jetzt saß ich hier, neben ihm, und er sang mir ein Lied vor, das er für mich geschrieben hatte! Das war das Größte – mit einer Legende wie ihm zusammenzusitzen, Musik zu machen und Spaß zu haben.

Nach dem Liveauftritt in der Show durfte ich erleben, was für eine Ehre es ist, gemeinsam mit ihm auf der Bühne zu stehen. Und dann sagte Stevie etwas, das ich nie vergessen werde: Ich erinnere ihn an sich selbst, als er ein kleiner Junge war. Ich kann mir kein größeres Kompliment vorstellen von jemandem, der so viel Talent hat wie er, und ich war überwältigt von seiner Wärme und Großzügigkeit. Weihnachten kam für mich in diesem Jahr ein paar Tage früher – eingepackt und signiert, versiegelt und übergeben von *ihm* selbst, Mr Stevie Wonder.

Scooter wollte zusagen – aber nur, wenn er einen Weg fand, dass alle etwas davon hatten. Mein Agent, Rob Light, vertritt auch Stevie Wonder, deshalb dachte Scooter: Einen Versuch ist es wert. Er rief Rob an und sagte: „Ich weiß, dass Stevie in der Stadt ist, weil wir am Wochenende bei seiner jährlichen Wohltätigkeitsveranstaltung ‚House Full of Toys' mitmachen … Glaubst du, er würde zusammen mit Justin bei *The X Factor* mitmachen?"

Rob rief Stevie an – der sofort zusagte.

Meine großen musikalischen Vorbilder sind Stevie Wonder und Michael Jackson. Ich konnte kaum glauben, dass ich die Gelegenheit bekommen würde, mit Stevie aufzutreten – wie verrückt ist das denn?!

Als er zur Probe kam, war er so relaxed, als träfe er einen alten Freund. „Hey Jungs, wie sieht's aus? Schön, bei euch zu sein." In seiner Garderobe stellte er sein Keyboard auf und wollte ein bisschen proben, weil wir noch nie zusammen gesungen hatten. Wir beschlossen, „The Christmas Song" zu singen. Die ganze Probe hindurch konnte ich nur

Ein Meer von Gesichtern in Antwerpen. Meine Fans zu sehen, macht mich so glücklich – ich kann nur versuchen, einen Teil dieses Glücks an euch zurückzugeben.

NEW YEAR'S ROCKIN' EVE

Times Square
New York, New York
31. Dezember 2011

Das war eine echt große Sache, als wir beschlossen, auf Dick Clarks Neujahrs-Rocknacht *New Year's Rockin' Eve* den Beatles-Song „Let it Be" zu singen. Es war der 40. Jahrestag seiner alljährlichen Show, die zugleich seine letzte sein sollte; daher war es eine große Ehre, mit dabei zu sein. Jeder lag mir damit in den Ohren, das Wichtigste sei, mich darauf zu konzentrieren, dass ich Paul McCartneys Texte nicht durcheinanderbrachte. Scooter, Usher, Dan und alle anderen hämmerten mir regelrecht die Texte ein, damit ich bloß keinen Fehler machte. Sie sagten Sachen wie: „Du darfst nicht ein einziges Wort vergeigen." Wir haben uns sogar immer wieder alte Filmaufnahmen mit Paul McCartney angeschaut. Usher probte mit mir und nahm sich überdies die Zeit, mit mir auf YouTube Filme von Leuten anzusehen, die die Nationalhymne vermurksten oder einen Beatles-Song vermasselten und haufenweise Kritik dafür ernteten.

„Du musst das hinkriegen", erklärte mir Usher immer wieder.

Ich habe hart daran gearbeitet, das Lied so hinzukriegen, dass ich mich einigermaßen wohl dabei fühlte, es zu meinem Song zu machen, ohne dabei Paul McCartney oder irgendwelchen Beatles-Fans auf die Füße zu treten. Und ich musste sicher sein, dass es perfekt war. Zu Hause in Stratford probte ich auf meinem kleinen Keyboard – bis ich jeden Akkord und jede Note kannte.

Als ich es perfekt beherrschte, beschloss ich, ihm einen persönlichen Touch zu verleihen – und so arbeitete ich mit meiner Band an einem eigenen Arrangement. Ich wusste exakt, an welchem Punkt die Band mit einsteigen sollte und wie die Drums klingen sollten. Um es klarzumachen, nahm ich die Drumsticks selbst in die Hand und spielte – und Gott sei Dank, es funktionierte.

Bei dem berühmten Gitarrensolo dachte ich, es wäre eine gute Idee, jemanden Großes dafür zu gewinnen, und ich bat Scooter, Carlos Santana zu fragen. Er war so cool, dass er die Einladung sofort annahm. Es war eine verdammt große Ehre und ein Privileg, an dem Abend mit ihm zu spielen. Unmittelbar bevor wir auf die Bühne gingen, wandte sich Santana an Dan und mich und sagte: „Ich spiele nicht eine Note auf meiner Gitarre, bevor ich nicht alles in meiner Seele fühle." Ich verstand genau, was er meinte, denn mir geht es ganz genauso. Ich wusste genau, wie das Lied für das Publikum klingen sollte, und ich drehte so lange daran herum, bis wir es hinbekamen.

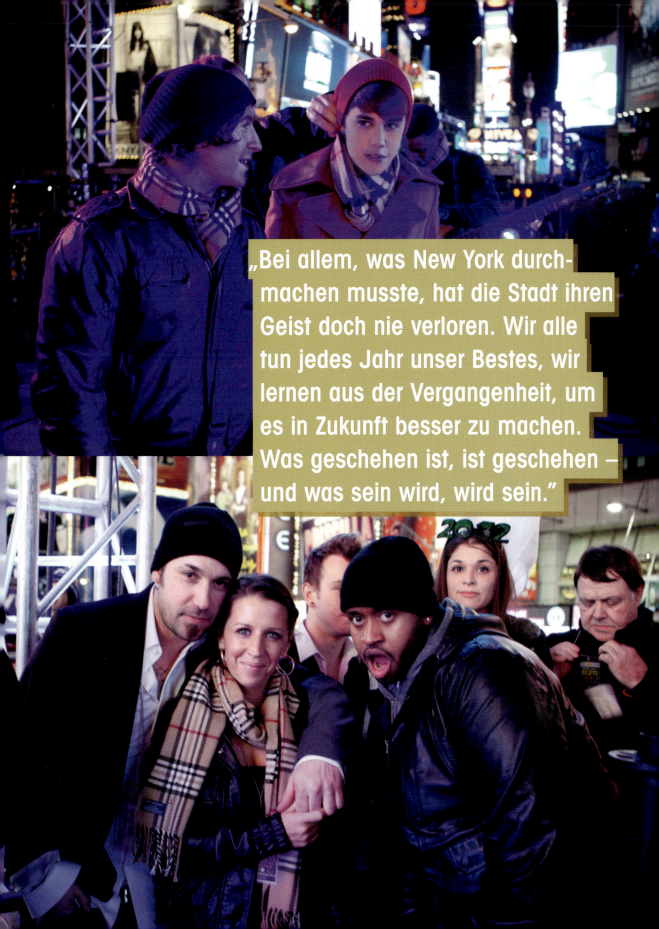

„Bei allem, was New York durchmachen musste, hat die Stadt ihren Geist doch nie verloren. Wir alle tun jedes Jahr unser Bestes, wir lernen aus der Vergangenheit, um es in Zukunft besser zu machen. Was geschehen ist, ist geschehen – und was sein wird, wird sein."

Über eine Million Menschen waren auf dem Times Square, um Neujahr zu feiern, und rund eine Milliarde Menschen schauten weltweit zu. Ich bin ziemlich sicher: Das war die größte Show für mich – bisher. Hmmm … eine noch größere Show … ich denke: *Super Bowl-Halbzeit-Show* 2013? Hey, man wird doch wohl träumen dürfen, oder?

Die Fans waren wie verrückt. 25 Polizisten waren nötig, um mich und die Crew durch die Menge zu schleusen. Damit niemand verloren ging, fassten wir uns alle an den Händen. Wir mussten so schnell es ging zwischen den Leuten hindurch, immer mit dem Kopf nach unten, und hofften, auf die Bühne und wieder runterzukommen, ohne dass etwas schiefging. Das war heftig – doch ein unvergesslicher Moment, mit dem das neue Jahr begann.

Und es wurde ein unglaublicher Auftritt, mit dem ich Usher, Scooter, meine Eltern, meine Freunde und – ja, natürlich auch Dan (den ultimativen Beatles-Fan) – mächtig stolz machte. Alle auf dem Times Square sangen mit mir gemeinsam; es war sehr bewegend. Santana war natürlich unglaublich – und ich habe mich selten so gut gefühlt.

Später ging ich mit Ryan Seacrest, Lady Gaga und den anderen Musikern des Abends zum berühmten „Ball Drop"-Countdown am Times Square. Nachdem der Auftritt und der „Ball Drop" hinter mir lagen, bescherte mein Team mir, meinen Freunden, meiner Familie, der Band und der Crew eine Party in einem New Yorker Loft. Das war der ideale Start ins Jahr 2012!

justinbieber
——

**Performed with Carlos Santana.
Honored. #letitbe #happynewyear!**

9:15 PM - 31 Dec 11 via Mobile Web

justinbieber
——

**New Years is starting all around the world.
so to all my fans around the world...THANK YOU
FOR 2011 and Have a Great 2012. I LOVE U**

12:42 PM – 31 Dec 11 via web

KAPITEL 5
ZEICHEN SETZEN

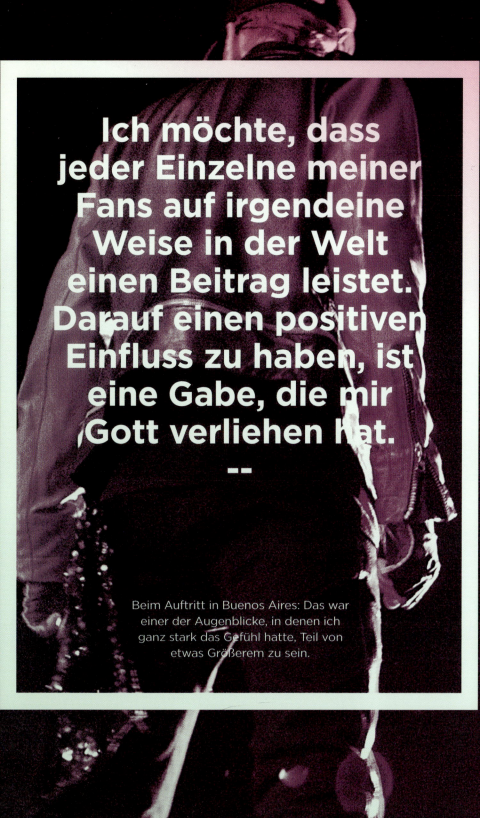

Ich möchte, dass jeder Einzelne meiner Fans auf irgendeine Weise in der Welt einen Beitrag leistet. Darauf einen positiven Einfluss zu haben, ist eine Gabe, die mir Gott verliehen hat. --

Beim Auftritt in Buenos Aires: Das war einer der Augenblicke, in denen ich ganz stark das Gefühl hatte, Teil von etwas Größerem zu sein.

justinbieber

@MakeAWish @MakeAWishIntl thanks for having me. best part of the job. Everyone follow them as they r an inspiration. #MAKEACHANGE

12:03 PM - 18 Nov 11 via web
in reply to MakeAWish

SCHNEEBALL-SYSTEM

Während der Werbeaufnahmen für mein Parfum erhielt ich die Gelegenheit, in einem schwerelosen Flugzeug mitzufliegen. Davor war ich ziemlich aufgekratzt – und ich wollte diese Erfahrung zusammen mit meinen Freunden machen, deshalb fragte ich, ob Kenny, Ryan, Vanessa und Allison mitkommen durften. Schließlich gehen wir diesen ganzen Weg gemeinsam, und wenn ich etwas Lustiges machen kann, dann sollen sie auch dabei sein! Also flogen wir alle nach Las Vegas, wo besagtes Flugzeug auf einem Privatflugplatz auf uns wartete. Wenn du mit so einem Flugzeug in die Luft gehst, erlebst du zuerst das Dreifache der normalen Schwerkraft als Gewicht auf deinem Körper, und plötzlich bist du schwerelos. Man hatte uns vorher geraten, in der ersten Runde cool zu bleiben und nicht allzu verrückte Dinge zu tun. Natürlich habe ich mich überschlagen und im Kreis gedreht. Ich habe schnell kapiert, warum wir gewarnt wurden – nach fünf Runden war mir schlecht, und ich war erledigt.

Ich will keine große Sache daraus machen – aber jeder Deal, den ich mache, muss eine Wohltätig-keitskomponente beinhalten, sonst lehnen wir ab. Wir spenden immer einen Teil der Einnahmen, ob aus meinen Duft-Rechten oder den Konzertticket-Erlösen – hierbei geht ein Dollar jeder verkauften Karte an zwei meiner Lieblings-Wohltätigkeits-organisationen: Pencils of Promise und die Make-a-Wish-Foundation.

Als man mich fragte, ob ich eine Parfum-werbung machen wollte, beschloss ich, dies etwas anders anzugehen als erwartet. Die meisten männlichen Künstler werben für Männer-Duftnoten; doch lasst uns ehrlich sein: Wie ein Mädchen riecht, ist für einen Jungen sehr wichtig – besonders für diesen Jungen hier. Ich habe eine so enge Verbindung zu meinen Fans, dass eine Duftkreation, die ich persönlich sehr mag, ein weiterer Weg ist, sie noch näher an meine Welt heranzubringen. Plus: Indem ich mit einer Firma wie Give Back Brands zusammenarbeite, kann ich etwas Gutes für die Gemeinschaft tun. Und nicht zuletzt ist die Chance, etwas zurückzugeben, einer der Hauptgründe für unsere Kreation „Someday". Mein Team und ich sahen es nicht nur als Gelegenheit, den Fans etwas zu geben, was sie mögen, sondern auch, in der Welt ein Zeichen zu setzen.

„Someday" wurde 2011 der meistverkaufte Duft der Welt und gewann sogar eine FiFi-Auszeichnung – das ist so etwas wie der Oscar in der Welt der Düfte. Ich erhielt außerdem den „Elizabeth Taylor Fragrance Celebrity oft the Year Award", der Promis ehrt, die sich der Welt der Düfte widmen und dafür werben. Aufgrund der unglaublichen Verkaufszahlen konnten aus dem Erlös allein der ersten sechs Monate durch Pencils of Promise mehr als zwanzig Schulen gebaut werden. Seither haben wir sogar noch weit größere Dinge bewirkt, um denen zu helfen, die Hilfe benötigen.

Angeregt durch den Wunsch, meinen Fans zu geben, was sie sich wünschen, und zugleich etwas zurückzugeben, habe ich im Juli 2012 einen zweiten Duft herausgebracht – er heißt „Girlfriend". Zu dem Namen hat mich „Boyfriend", meine erste Single aus dem Album *Believe*, inspiriert.

Solange ich die Gelegenheit habe, Gutes für andere zu tun, werde ich mich dem unablässig widmen. Es ist noch nicht so lange her – als ich ein kleiner Junge war –, da blieb mir nichts anderes übrig, als Kleider aus dem Fundbüro der Schule zu mopsen, weil wir zu Hause nicht genug Geld hatten, um neue zu kaufen. Ich sackte sie ein und trug sie. Und ich habe nie vergessen, wie man sich dabei fühlt.

Ende Oktober 2011 trat ich in *The Ellen De-Generes Show* auf, bei der sie eine Folge über die Whitney Elementary School zeigte, eine amerikaweit bekannte Schule, die bedürftige Schüler und Familien mit Essen, Kleidung und medizinischer Pflege sowie einem gelegentlichen Scheck für die Miete versorgt. Ellen hatte die Schule in ihrer ersten Show des Jahres erstmals ins Rampenlicht geholt und war zur Verfechterin ihrer großartigen Arbeit geworden, durch die Schüler sich kostenlos die Haare schneiden, die Zähne versorgen und Brillen anfertigen lassen können. Hier erhalten Familien Dienstleistungen und Unterstützungen, die sie sich ansonsten nicht leisten können. Und dies ist zudem ein Ort, an dem auch Eltern lesen und schreiben lernen können oder Unterstützung bekommen, wenn sie mit der Miete hinterherhinken. Wenn die Schule den Großteil ihrer Schüler nicht mit Essen und Kleidung versorgen würde, wären diese längst draußen auf der Straße.

Der Film hat mich unglaublich bewegt, denn ich fühlte vom ersten Moment an mit den Kindern in dieser Schule. Als ich aufwuchs, hatte auch ich nicht viel; und als ich diese Kinder sah und wie man sich um sie kümmerte, berührte mich das tief im Innern. Schließlich war ich einer von ihnen, also wollte ich alles tun, um ebenfalls zu helfen. Nach dem Film kündigte Ellen an, Target wolle 100 000 Dollar für die Schule spenden.

Zur großen Überraschung aller Anwesenden bot ich an, dieselbe Summe, Dollar für Dollar, zu spenden, und versprach den Kids, im Dezember für ein extra Weihnachtskonzert nur für sie in ihre Schule zu kommen. Das war überhaupt nicht geplant – aber es war einfach etwas, das ich tun wollte.

Ich hielt mein Versprechen und kam am 16. Dezember 2011 in die Whitney Elementary School. Eine Schule zu besuchen und alle dort zu treffen, war echt aufregend für mich. Ich ging von einem Klassenzimmer ins nächste und redete auf dem Weg mit so vielen Schülern wie möglich. Dabei beantwortete ich ihre Fragen und erzählte aus meinem Leben als Kind einer alleinerziehenden Mutter in einer Sozialwohnung und davon, dass wir auf Lebensmittelhilfen und Kleiderspenden angewiesen waren. Ich erzählte, wie meine Großeltern meiner Mutter halfen, über die Runden zu kommen, und dass ich als Kind trotzdem nicht viel davon hatte. Zu sehen, wie glücklich die Kids über meinen Besuch waren, machte diesen Tag zu einem ganz besonderen für mich. Ich war so glücklich, sie alle zu treffen – das war eine Erfahrung, die wohl niemand von uns je vergessen wird!

Als ich meinen Rundgang durch die Schule beendet hatte, versammelten sich alle in der Mehrzweckhalle; dort gab ich ein exklusives Konzert, nur für die 650 Schüler und ihre Lehrer. Zunächst wollte ich nur zwei Lieder aus meinem Album *Under the Mistletoe* singen – doch am Ende wurden es fünf. Mir bescherte dieser Tag einen der erinnernswertesten Auftritte, die ich je erlebt habe. Und um dem fantastischen, gemeinsam verbrachten Tag noch die Krone aufzusetzen, spendeten *The Ellen DeGeneres Show* und Hasbro Spielzeuge im Wert von weiteren 100 000 Dollar für die Ferien – ein Spielzeug für jedes Kind.

Ich habe gehört, dass die Schule seit Beginn von Ellens Unterstützung bereits über eine Million Dollar an Spenden erhalten hat. Ich weiß, dass viele der Kinder denken, mein Besuch bei ihnen sei so etwas wie ein frühes Weihnachtsgeschenk gewesen – aber Tatsache ist: Diesen Tag mit den Schülern zu verbringen, bedeutete für mich selbst das größte Geschenk, das ich mir wünschen konnte. Sachen wie diese mach ich viel lieber als alle anderen Arten öffentlichen Auftretens – denn hier gibt es nur die Kids und mich. Meistens mag ich es überhaupt nicht, wenn Presse dabei ist, und normalerweise begrenze ich auch deren Teilnahme, damit unsere wertvolle gemeinsame Zeit durch nichts gestört wird. Ich liebe es, mit den Kids zu reden, und höre gern ihre Geschichten darüber, wie sie durch meine Musik rund um die ganze Welt Freunde finden. Das ist in meinen Augen eins der coolsten Dinge überhaupt in meinem Job – denn ich komme aus einer Kleinstadt und hätte nie gedacht, sie einmal zu verlassen. Wenn wir miteinander reden, können sie mich hoffentlich auch als so etwas wie ein Vorbild sehen: Wenn ich aus meinen Verhältnissen ausbrechen konnte, können sie das auch.

Der Gedanke, dass ich mit meiner Musik Menschen in aller Welt helfen kann, gefällt mir. Ich würde gern als eine Art Botschafter der Menschen gesehen werden. Und da Musik die universelle Sprache ist, kann ich ihr Leben in positiver Weise beeinflussen; das ist etwas, das wir alle anstreben können.

„Mein Ziel ist, Menschen glücklich zu machen – und sie zu inspirieren."

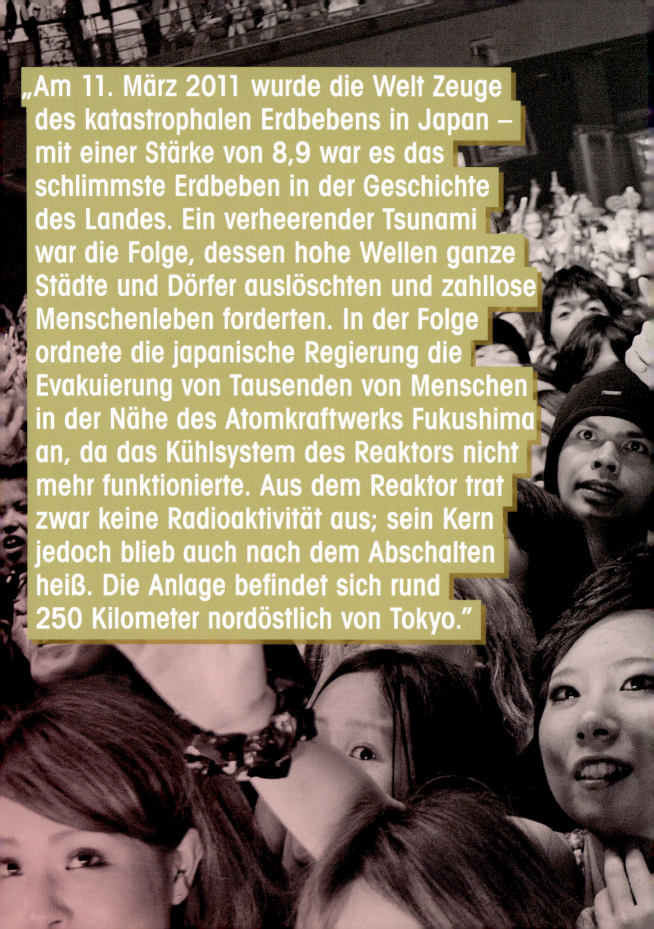

„Am 11. März 2011 wurde die Welt Zeuge des katastrophalen Erdbebens in Japan – mit einer Stärke von 8,9 war es das schlimmste Erdbeben in der Geschichte des Landes. Ein verheerender Tsunami war die Folge, dessen hohe Wellen ganze Städte und Dörfer auslöschten und zahllose Menschenleben forderten. In der Folge ordnete die japanische Regierung die Evakuierung von Tausenden von Menschen in der Nähe des Atomkraftwerks Fukushima an, da das Kühlsystem des Reaktors nicht mehr funktionierte. Aus dem Reaktor trat zwar keine Radioaktivität aus; sein Kern jedoch blieb auch nach dem Abschalten heiß. Die Anlage befindet sich rund 250 Kilometer nordöstlich von Tokyo."

AUFTRITT IN JAPAN

Osaka und Tokyo
17.–19. Mai 2011

Als ich von der Katastrophe in Japan hörte, war ich im englischen Liverpool. Mein Mitgefühl ging an all die Familien, die ihre Lieben verloren hatten und die als Folge der maßlosen Zerstörung umgesiedelt werden mussten. Für Mai waren zwei Auftritte in Japan geplant, einer in Tokyo (rund 250 Kilometer von dem Atomkraftwerk entfernt), der zweite in Osaka (noch etwas weiter weg).

Zuerst bereitete uns die Fahrt nach Japan große Sorgen. Ich hatte gehört, dass viele andere Künstler wegen möglicher Gefahren durch ausgetretene Radioaktivität ihre Auftritte in Japan abgesagt hatten. Auch wir machten uns anfangs Sorgen, doch nachdem Scooter und ich lange geredet und alle Eventualitäten durchdacht hatten, wollten wir unsere Zusage einhalten und hinfahren. Schließlich spielst du genau dafür: nicht nur zur Unterhaltung, sondern, um deine Fans zu unterstützen – so, wie sie dich unterstützen! Wenn ich jetzt meine Fans im Stich ließ, würde ich all das aufgeben, wofür ich stehe. Eine der ältesten Redewendungen im Showbiz lautet: „The show must go on." Und für uns sollte es genau so sein.

Angst hält eine Menge Leute von dem ab, was letztendlich im Leben wichtig ist. Ich betrachte solche Situationen als Gelegenheiten und Momente, in denen sich Gutes von wahrhaft Großem unterscheidet. Wenn solche Ereignisse eintreten, kann ich beweisen, dass ich für meine Fans lebe. Gerade jetzt brauchten sie – mehr als jemals zuvor – etwas, das ihnen half zu heilen; und Musik – ob meine oder die von irgendjemandem sonst – ist immer ein guter Ausgangspunkt.

Sobald wir beide, Scooter und ich, fest entschlossen waren, holten wir die Crew mit an Bord. Und ich war doch einigermaßen schockiert, als ein paar Musiker sich weigerten mitzukommen.

Sie fingen an hinter den Kulissen zu reden und meinten, es sei falsch dorthin zu fahren und wir würden uns nicht um sie kümmern. Wir sind eine fest zusammengeschweißte Familie – deshalb machte es mich wütend, zu hören, dass einige im Team so über uns dachten. Aufgrund der vielen Gerüchte riefen wir sofort das Team zusammen, damit ich allen meine Haltung deutlich machen konnte. Ich erklärte, dass ich nach Japan fahren würde – ob sie nun mitkämen oder nicht. Denn meine Fans erwarteten von mir, da zu sein, und unter den gegebenen Umständen war ich nicht bereit, sie zu enttäuschen … erst recht nicht in einer Zeit der Not. Als ich den Raum verließ, hoffte ich, alle würden sich zusammenraufen, doch ich war nicht überzeugt davon, dass sie es tun würden.

Später erfuhr ich, dass Scooter, nachdem ich gegangen war, jeden Einzelnen ansah und sagte: „Hört zu – er ist erst siebzehn, aber er hat mehr Herz und Courage als ihr Jungs. Ob ihr mitkommen wollt oder nicht: Wir alle tragen Verantwortung für andere in unserem Leben. Jeder von euch muss seine Entscheidung treffen. Wenn ihr nicht mit nach Japan kommen wollt, seid ihr nicht mehr Teil dieses Teams, und ihr könnt nach Hause gehen; ich werde jemand anderes für euch anheuern. Also entweder ihr werdet erwachsen oder ihr verlasst meine Tour."

Es dauerte eine Weile, bis wir sie überzeugt hatten – doch am Ende verließen nur drei Leute die Crew, und die anderen erklärten, wenn Scooter und ich dabei wären, dann kämen sie mit. Jeder wusste, dass Scooter anfangs nicht mit nach Japan fahren sollte; und auf diese Art brachten sie uns dazu, ihnen und den japanischen Fans gegenüber Loyalität zu beweisen. Scooter flog 16 Stunden von Australien rüber nach L. A. zu einem Meeting, das er nicht verschieben konnte, und nahm anschließend einen Flieger nach Osaka. Dort traf er ein, noch bevor wir aus Taipei in Taiwan kamen. Als wir landeten, war er bereits am Flughafen, um an einer Solidaritätsshow teilzunehmen und um zu verdeutlichen: Wenn er es möglich machen konnte, hatte auch niemand sonst eine Entschuldigung, nicht hier zu sein. #Beast

Als wir nach Tokyo kamen, wollte ich etwas Besonderes für die Erdbeben- und Tsunamiopfer tun; also luden wir einige Kinder und Jugendliche aus den betroffenen Gebieten ein, den Tag mit uns zu verbringen. Wir trafen uns in der amerikanischen Botschaft, wo auch der kanadische sowie der japanische Botschafter hinkamen, und zusammen verbrachten wir einen unvergesslichen Tag. Wir spielten Songs, machten unzählige Fotos und –

was das Wichtigste war – hörten den Geschichten der Kids zu. Die meisten waren zum ersten Mal in Tokyo, und für manche war es das erste Mal, dass sie von zu Hause weg waren. Ich werde die Kids niemals vergessen – vor allem Ayaka nicht, ein Mädchen, das ihre Schwester, ihre Eltern und ihre Großeltern bei dem Erdbeben verloren hat.

Wir überraschten alle damit, dass wir eine Übernachtung in Tokyo für sie organisierten, damit sie am nächsten Abend meine Show miterleben konnten. Alle erhielten Eintrittskarten für die erste Reihe – und während der Show holte ich eins der Mädchen auf die Bühne und sang „Lonely Girl".

Das japanische Publikum war wirklich dankbar dafür, dass wir gekommen waren. Nachdem wir abgereist waren, trafen wir noch ein Arrangement mit Apple: Die Firma schickte jedem Kid, das wir an dem Tag getroffen hatten, einen Computer. Damit wollten wir ihnen helfen, einen kleinen Schritt in Richtung auf ihre Zukunft zu tun. Ich habe gehört, dass Ayaka in diesem Jahr in den USA studieren will. Es macht mich glücklich, dass es ihr gut geht.

Als ich Japan verließ, war ich stolz auf die Zeit, die wir dort verbracht hatten – besonders auf die Zeit mit den Kids, deren Leben so drastisch verändert worden war. Dabei wurde ich daran erinnert, wie wichtig es ist, im Leben anderen zu helfen, sie zu unterstützen und füreinander da zu sein. Ob ihr es glaubt oder nicht: Ein Mensch kann das Leben eines anderen verändern.

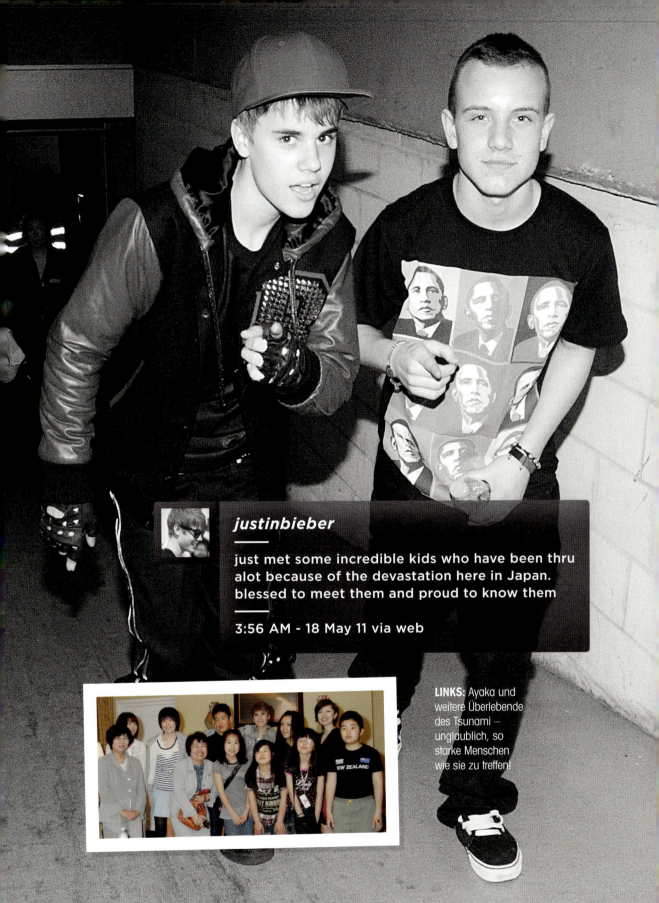

justinbieber

just met some incredible kids who have been thru alot because of the devastation here in Japan. blessed to meet them and proud to know them

3:56 AM - 18 May 11 via web

LINKS: Ayaka und weitere Überlebende des Tsunami – unglaublich, so starke Menschen wie sie zu treffen!

Auf der Bühne in Osaka. Ich liebe es, euch ganz nah zu sein.

justinbieber

@carlyraejepsen just paying it forward. this is just the beginning for you. Happy for you. LEGGO!!

8:15 PM - 14 Feb 12 via web

CARLY RAE JEPSEN

Stratford, Ontario, Kanada
Dezember 2011

Als ich über Weihnachten zu Hause in Stratford war, hörte ich ständig diesen Song, „Call Me Maybe", im Radio. Ein echter Ohrwurm, bei dem man schon mitsingen kann, nachdem man ihn nur zweimal gehört hat. Immer wenn ich mit meinen Freunden herumfuhr und der Song im Radio kam, drehte einer auf, damit wir alle mitsingen konnten. Obwohl er relativ weit oben in den kanadischen Charts war, fand ich, dass er es verdiente, auch außerhalb von Kanada Erfolg zu haben. Also tweetete ich: „Call Me Maybe ist der eingängigste Song aller Zeiten."

Ich fragte meine Freunde, wer die Sängerin sei.

Sie sagten, ihr Name wäre Carly Rae Jepsen – eine Sängerin, die 2007 bei *Canadian Idol* mitgemacht und seitdem ein paar Hits gehabt hatte.

Okay, aber war sie bei einem Plattenlabel unter Vertrag?

Das wusste niemand.

Scooter rief mich an, nachdem er meinen Tweet gelesen hatte, und ich bat ihn herauszufinden, ob sie irgendwo unter Vertrag war. Sobald wir erfuhren, dass sie außerhalb von Kanada kein Label hatte, konnten wir sie unter Vertrag nehmen. Mir gefiel, was ich hörte, und ich dachte: Wieso nicht meinen Namen dafür einsetzen, um einer anderen Künstlerin zu helfen, die ich toll finde?
#payitforward

Inzwischen ist Carly weltweit erfolgreich, und ich bin wirklich stolz auf sie. Ich bin glücklich, dass ich für eine Künstlerin das tun konnte, was Usher einst für mich getan hat. Das ist meine Art, etwas zurückzugeben. Als ich damals anfing, nachdem Scooter mich entdeckt hatte, gingen wir zu Usher und baten ihn, mir dabei zu helfen, einen Plattenvertrag zu bekommen und bekannt zu werden. Seitdem ist er mein Mentor. Ich fühle mich verpflichtet, dasselbe für andere aufstrebende junge Künstler zu tun, an die ich glaube. Es fühlt sich einfach toll an, zu wissen, dass du jemandem etwas gegeben hast, was er brauchte, und sich dann zurückzulehnen und ihm dabei zuzusehen, wie er abhebt und fliegt.

KAPITEL 6

ERWACHSEN-
WERDEN

Im Grunde bin ich noch nicht ganz erwachsen. Ich lerne noch. Es wird so kommen, wie es eben kommt. Ich werde nicht versuchen, so zu werden, wie man mich haben will. --

Hier rede ich während einer Show in Lima mit Fans. Es ist mir echt wichtig, so viele von euch wie möglich persönlich zu treffen.

FAMILIE

Obwohl ich nicht in einer sogenannten „normalen" Familie aufgewachsen bin, steht meine Familie für mich an erster Stelle. Ich liebe sie und will sie beschützen – vor allem meinen kleinen Bruder und meine kleine Schwester. Ich möchte niemanden enttäuschen, weder meine Freunde noch meine Familie noch meine Fans. So war ich schon immer. Ich weiß, wie es sich anfühlt, enttäuscht zu werden, und dieses Gefühl möchte ich anderen möglichst ersparen.

In meiner Kindheit waren meine Großeltern immer für mich da. Sie gaben mir Kraft und ermöglichten es mir von klein auf, meine Träume zu verwirklichen. Vor Kurzem sind sie in den Ruhestand gegangen, und da sie mir so viel gegeben haben, wollte ich für sie etwas ganz Besonderes tun. Ich beschloss, ihnen ein neues Haus zu kaufen, in dem sie diese Phase ihres Lebens genießen konnten. Ich wollte, dass meine Großmutter eine größere Küche zum Kochen bekommt – vor allem für Weihnachten, wenn wir sie alle besuchen. Und als ich Weihnachten nach Hause kam, hatte ich noch eine Überraschung für sie: ein brandneues Auto, das ich in ihrer Auffahrt parkte. Es sollte ein kleines Zeichen dafür sein, wie viel sie mir bedeuten. Ich ließ auch etwas Benzingeld im Handschuhfach, damit sie sich beim Tanken keine Sorgen machten mussten. Ich kann euch ehrlich sagen, dass nichts auf der Welt sich besser anfühlt, als den Menschen zu helfen, die dich dein ganzes Leben lang geliebt haben. In ihren Augen werde ich immer ihr kleiner Enkel Justin sein. Und das finde ich gut so.

justinbieber

this is #LOVE - mom, grandma, great grandma -
strong women. #FAMILY
http://t.co/pUF8od7j

8:24 AM - 18 Nov 11 via web

Ohne so eine tolle Familie hätte ich es nie zu etwas gebracht. Es ist ein wahres
Glück und ein Segen, dass sie hinter mir steht.

justinbieber
——
it's my birthday. but it's just the beginning.
http://t.co/agD8faMb

9:55 AM - 1 Mar 12 via web

EIN GRUND ZU FEIERN

Los Angeles, Kalifornien
1. März 2012

Für die meisten Teenager ist es eine ziemlich große Sache, achtzehn zu werden. Ich war da keine Ausnahme. Ich wusste zwar, dass mein achtzehnter Geburtstag ziemlich groß gefeiert werden würde, aber ich hatte nicht geahnt, wie emotional das Ganze für alle, die mir nahestehen, sein würde. Für mich war es natürlich ein ganz wichtiger Geburtstag, aber für diejenigen, die mich über die Jahre hatten aufwachsen sehen, bedeutete er noch viel mehr!

Ich wollte diesen außergewöhnlichen Tag mit meinen engsten Freunden und Verwandten verbringen, die alle für ein Wochenende aus Kanada, New York, Atlanta und anderen Orten nach Kalifornien angereist kamen. Für den Abend vor dem eigentlichen Geburtstag war ein kleines Dinner im SLS Hotel in Los Angeles geplant. Da meine Cousine in derselben Woche Geburtstag hatte, bestellte ich für sie einen Kuchen und sang „Happy Birthday", damit sie nicht das Gefühl hatte, man hätte sie vergessen.

Meine Mom hatte eine Diashow mit Bildern meines bisherigen Lebens zusammengestellt. Ähm, also das war ein bisschen peinlich, aber auch superbewegend. Wie Mütter so sind, hat meine Mom im Laufe der Jahre etwa eine Milliarde Fotos von mir gemacht. Ich weiß also, dass es sie ziemlich viel Zeit gekostet haben muss, alle zu sichten und einige für die Diashow auszuwählen.

Ein paar Bilder von mir und meinem Dad mit falschen Schnurrbärten sind ziemlich lustig. Neben Familienfotos wählte meine Mom auch Bilder von Kenny, Scooter, Fredo, Dan, Carin, Allison, Ryan, Chaz und allen anderen aus, die Teil meines Lebens sind und waren. Es war irgendwie seltsam, die alten Fotos zu betrachten und zu sehen, wie sehr sich alle über die Jahre verändert haben. Sie hat die Slideshow sogar mit einem Soundtrack aus drei meiner absoluten Lieblingssongs unterlegt: „Wheat Kings" von Tragically Hip, „On Bended Knee" von Boyz II Men und Michael Jacksons „Man in the Mirror". Ich war wirklich sehr gerührt, wie viel Arbeit sie da reingesteckt hat, obwohl ein paar Bilder dabei waren, die ich am liebsten vergessen würde! Aber es hat total Spaß gemacht, sich die Bilder anzusehen und mit allen, die an diesem Abend da waren, Erinnerungen auszutauschen. Vor allem mit meiner Mom und meinem Dad, die mit meinen kleinen Geschwistern Jazmyn und Jackson nach L. A. geflogen waren.

Jazmyn und Jackson kamen zwar nicht zu den Partys, aber in der Woche, in der sie in L. A. waren, machten wir ein paar besondere Ausflüge. Ich nahm sie mit zu Chuck E. Cheese, und wir hingen zusammen ab und hatten Familien-Spaß. Ich wünschte, ich könnte mehr Zeit mit ihnen verbringen, aber zumindest ist es immer ein Riesenvergnügen, wenn wir zusammen sind.

„Am nächsten Abend feierten wir im Beverly Wilshire Hotel in Beverly Hills. Scooter brachte Mike Tyson als Überraschungsgast mit. Unter den Gästen waren auch will.i.am, Cody Simpson, Carly Rae Jepsen, Kim Kardashian, Jaden Smith und noch viele andere. Ja, die Party war ziemlich swaggy. Jaden überraschte mich mit einem Auftritt von Lil B, der seinen ‚Justin Bieber'-Song vortrug. Ich weiß nicht, ob ihr den kennt. Wenn nicht, hört mal rein. Ein wirklich tolles Geschenk! Das war eine Party, an die ich mich noch lange erinnern werde."

justinbieber

birthday started off great! my boys are in town. let the fun begin

8:37 AM - 1 Mar 12 via web

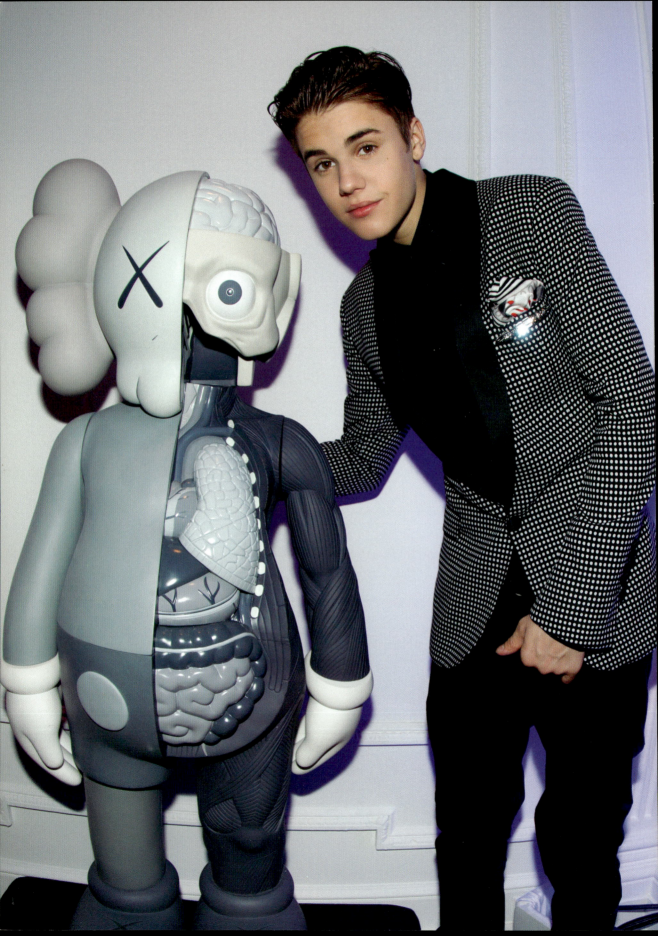

Bevor ich achtzehn wurde, war es für mich etwas einfacher, die „Kinder"-Karte auszuspielen und mit Sachen durchzukommen, die man sich als Erwachsener nicht erlauben kann. Versteht mich nicht falsch: Ich liebe es immer noch, Spaß zu haben und Leuten Streiche zu spielen, aber ich spüre auch, dass ich jetzt mehr Verantwortung trage für mein Leben. Darüber habe ich früher nicht allzu viel nachgedacht. Manche Menschen werden zu schnell erwachsen, vor allem Kids, die im Showgeschäft aufwachsen. Sobald sie achtzehn sind, halten sie sich für Erwachsene. So sehe ich das nicht. Zwar bin ich definitiv kein Kind mehr, aber völlig erwachsen bin ich auch noch nicht. Ich möchte mein eigenes Tempo gehen und die Freiheit haben, Fehler zu machen, aus denen ich lernen kann. Und wisst ihr was? Ich lerne immer noch und hoffe, dass ich das weiterhin jeden Tag tun werde. Ich hoffe, dass meine Fans mit mir wachsen und lernen.

Ich bin jung und amüsiere mich gern. Ich bin nicht perfekt. Jeder macht Fehler, darum geht es im Leben. Aber ich weiß, dass die Menschen um mich herum – meine tolle Familie und meine Mentoren – alles in ihrer Macht Stehende tun werden, um mich vor einer wirklich schlechten Lebensentscheidung zu bewahren. Und ehrlich gesagt, bin ich da auch sehr vorsichtig, weil ich so etwas schon zu oft bei anderen gesehen habe. Ich habe eine einzigartige Chance bekommen, und obwohl ich einen Riesenspaß habe, werde ich diese Chance nicht mutwillig zerstören, nur um cool rüberzukommen. Ich könnte mein eigener schlimmster Feind sein, aber ich will mir das nicht verderben. Mein Leben hat sich ziemlich gut entwickelt, und es lohnt sich, bewusst und mit Bedacht meinen Weg zu gehen.

Jetzt, wo ich achtzehn bin, werde ich nicht plötzlich so werden, wie manche Leute mich haben wollen, oder anfangen, auf Partys zu gehen und mich zu betrinken. Mein Ziel ist es, niemals etwas zu tun, wodurch Kinder und Eltern den Respekt vor mir verlieren. Eltern verbieten ihren Kindern, zu den Konzerten bestimmter Künstler zu gehen, weil sie finden, dass diese Künstler einen schlechten Einfluss auf ihre Kinder haben – ich bin stolz darauf, nicht dazuzugehören. Ich möchte ein positives Vorbild sein, und das mache ich, indem ich so lebe, wie ich lebe. So, dass es keiner glauben würde, wenn jemand etwas Verrücktes über mich in Umlauf setzen würde.

Wenn ich über meine Rolle in der Welt nachdenke, komme ich zu der Erkenntnis, dass ich es so machen will wie Michael Jackson: Songs mit sauberen Texten auswählen, großzügig handeln und jemand sein, den kleine Kinder genauso lieben wie ihre Großeltern. In einer idealen Welt sollen meine Fans mit mir älter werden und zu Menschen heranreifen, die von allen respektiert werden. Ich möchte jemand sein, zu dem man aufschauen kann und der ein gutes Vorbild ist.

Scooter sagt mir immer, dass ich bescheiden bleiben und keine zu protzigen Sachen kaufen soll. Er hat mir beigebracht, dass man, wenn man Geld liebt, letztendlich nur ein großes Haus und schicke Autos, aber ein leeres Herz hat. Das ist wirklich wahr. Und deshalb geht es uns nicht um materielle Werte. Wir bleiben bodenständig. Das kann zwar manchmal auf die Nerven gehen, aber ich habe es verstanden. Umso überraschter war ich deshalb, als Scooter mir in *The Ellen DeGeneres Show* als Geburtstagsgeschenk von sich und Usher einen nagelneuen 2012 Fisker Karma präsentierte.

„Der Fisker Karma ist eine einzigartige Neuheit – ein elektrisches Luxusauto, das umweltfreundlich und einfach total cool ist. Als ich es zum ersten Mal sah, fragte ich ständig: ‚Ist das für mich? Ist das für mich? Das ist der Wahnsinn!' Diese Überraschung war wirklich gelungen, denn normalerweise bin ich ziemlich gut darin, Überraschungen im Voraus zu wittern. Der Wagen war in einem wunderschön glänzenden Schwarz lackiert, als ich ihn bekam, aber ich ließ ihn von meinem Kumpel Ryan bei West Coast Customs auf Chrom umspritzen. Jetzt sieht er aus wie ein riesiges, silbernes Geschoss auf Rädern!"

MEIN SCHUL-ABSCHLUSS

Mai 2012

2012 war für mich ein sehr ereignisreiches Jahr. Ich wurde nicht nur achtzehn, sondern machte auch meinen Highschool-Abschluss. Während der ganzen Jahre, in denen ich auf Tournee war, hatte ich unter Anleitung der Highschool in Stratford, die ich normalerweise besucht hätte, still und fleißig meine Schulausbildung fortgeführt. Mein Team achtete darauf, dass der Unterricht nicht zu kurz kam, damit ich nicht zurückfiel oder, schlimmer noch, den Abschluss nicht schaffte. Und alle anderen in meinem Umfeld passten auch auf, dass ich nicht schwänzte oder nachlässig wurde. Immer wenn ich fragte, warum ich etwas lernen sollte, was ich im richtigen Leben nie gebrauchen würde, wie zum Beispiel Geometrie, sagte Kenny: „Junge, es ist so, wie mein Daddy es mir immer gesagt hat – du lernst diese Dinge, weil es deinem Gehirn hilft, analytisch zu denken. Mathe ist wie eine Übung fürs Gehirn. Du wirst vielleicht nie einen Algorithmus oder eine Gleichung verwenden, aber es hilft dir beim Denken."

Damals wusste ich es noch nicht, aber Kenny hatte recht. Egal, welche Ziele du im Leben hast – nichts ist wichtiger als eine gute Schulausbildung. Also machte ich meinen Abschluss, obwohl ich gleichzeitig in der ganzen Welt herumfuhr und einen total verrückten Terminplan hatte.

Ich wäre auch zusammen mit meinen Mitschülern und Freunden zur Abschlussfeier gegangen, aber ich bin mir ziemlich sicher, dass das die ganze Aufmerksamkeit von den anderen abgelenkt und ihren großen Tag verdorben hätte, und das wollte ich auf keinen Fall. Immerhin bekam ich von Ellen in ihrer Show eine Kappe und einen Kittel, sodass ich zumindest standesgemäß ausgestattet war.

> „Egal, welche Ziele du im Leben hast – nichts ist wichtiger als eine gute Schulausbildung."

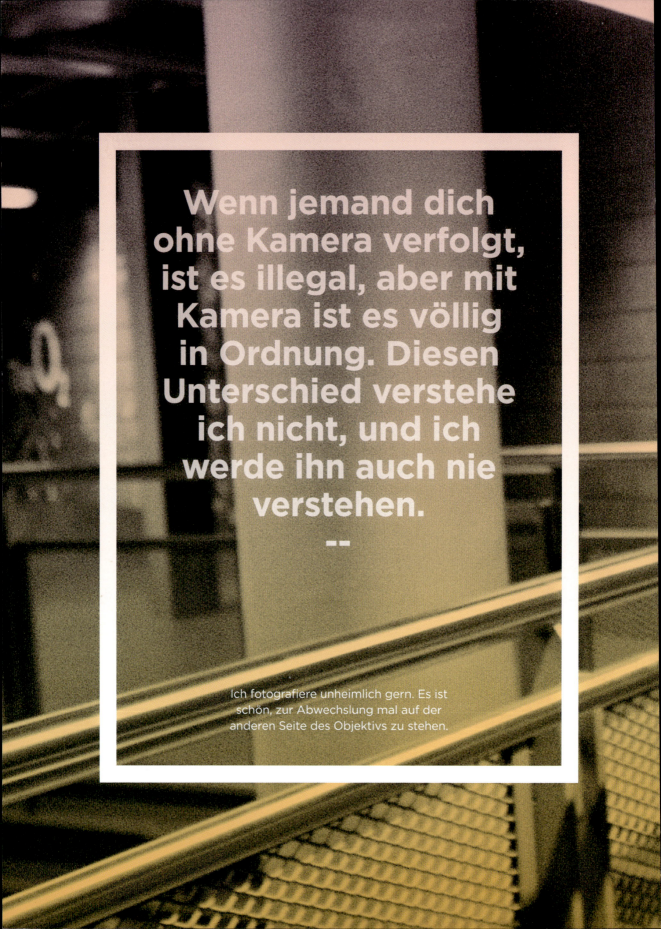

Wenn jemand dich ohne Kamera verfolgt, ist es illegal, aber mit Kamera ist es völlig in Ordnung. Diesen Unterschied verstehe ich nicht, und ich werde ihn auch nie verstehen. --

Ich fotografiere unheimlich gern. Es ist schön, zur Abwechslung mal auf der anderen Seite des Objektivs zu stehen.

KAPITEL 7

KLARTEXT

KLARTEXT

Wenn es um Mädchen geht, bin ich ein ganz normaler Teenager. Manche Sachen möchte ich aber für mich behalten, weil ich noch jung bin und manches erst für mich herausfinden muss. Ich lerne noch, wie schön und gleichzeitig schwer es ist, jemandem zu vertrauen. Ich bin gern mit Mädchen zusammen, die klug sind und mit denen man sich richtig unterhalten kann. Es macht dich nicht schwach oder weniger männlich, wenn du eine Frau mit Respekt behandelst und sie ein bisschen verwöhnst. Merkt euch, Jungs: Wenn eure Kumpels euch verspotten, weil ihr romantisch seid, dann zeigt das nur, dass sie nicht wissen, wie man eine Frau behandelt.

Also dann zur Sache: 2011 tauchte eine Frau aus dem Nichts auf, reichte eine Vaterschaftsklage ein und behauptete, sie wäre von mir schwanger. Zu der Zeit war ich noch minderjährig und sie nicht, und sie besaß nicht die geringsten Beweise für ihre Behauptung. Wir waren uns niemals begegnet. Die Medien (auch seriöse) griffen die Story auf und stellten die Sache so dar, als würde sie stimmen. Was ist eigentlich aus verantwortungsvollem Journalismus geworden? Sollten Reporter nicht ihre Fakten überprüfen, bevor sie ihre Storys schreiben? Vielleicht liegt es ja an mir, aber ich hätte für ein Schulprojekt nie einfach eine Geschichte erfinden und als wahr ausgeben können. Meine Lehrer hätten mich dafür sofort durchfallen lassen!

Was mir auch nicht in den Kopf will: Wenn jemand dich ohne Kamera verfolgt, ist es illegal, aber mit Kamera ist es völlig in Ordnung. Diesen Unterschied verstehe ich nicht und werde ihn auch nie verstehen.

Eine der negativsten Seiten des Ruhms sind die Freiheiten, die sich die Medien herausnehmen, wenn sie über das Privatleben von Prominenten berichten. Andererseits können wir ohne Medien nicht unseren Job machen, es ist also ein wechselseitiges Geben und Nehmen. Als Teenager hat man ja eh schon einiges durchzustehen, aber unter den Augen der Presse ist das Ganze noch peinlicher. Wenn aber Sachen über mich berichtet werden, die nicht stimmen, wird eine Grenze überschritten. Das ist einfach nur unfair.

Hier spiele ich mit
Kenny „Paparazzi" –
er ist begeistert!

Warum ist es nötig, auf Kosten der Wahrheit Schlagzeilen zu produzieren, um Leute dazu zu bringen, eine Zeitung zu kaufen?

Seit wann sind Klatsch-und-Tratsch-Websites akzeptable Quellen für seriöse Meldungen?

Bisher hatte ich eigentlich immer ein gutes Verhältnis zu den Medien, und zum größten Teil haben die Medien und die Paparazzi mich auch ziemlich gut behandelt. Ohne sie wäre mein Verhältnis zu euch Fans nicht so eng. Aber gleichzeitig wünschte ich, sie würden sich nicht so unlauterer Methoden bedienen, um an ihre Storys zu kommen. Wenn die Paparazzi nett sind und mich mit Respekt behandeln, habe ich nie etwas dagegen, mich mit ihnen zu unterhalten. Ich quatsche mit ihnen, pose für ein paar Fotos, danke ihnen und gehe dann weiter. Aber es ist nicht okay, wenn sie aggressiv auf mich zukommen und mich bedrängen, weil sie mich als Produkt und nicht als Person betrachten.

Es geht das Gerücht um, dass ich Paparazzi hasse. Das stimmt nicht, ich mag einfach nur keine aggressiven Paparazzi. Wenn das Verhältnis stimmt, rede und scherze ich mit ihnen. Sie sind dankbar, dass ich mit ihnen kooperiere, und ich weiß ihren respektvollen Umgang mit mir zu schätzen. Bedauerlicherweise hat es in der Vergangenheit auch unschöne Interaktionen gegeben. Wenn ihr in den Medien seht, wie ich wütend reagiere, dann zeigt die Kamera leider nicht, dass diese Leute mir Sachen an den Kopf geworfen haben wie: „Hey Justin, warum bist du in letzter Zeit so ein Versager?", „Deine Mom ist hässlich" oder „Dein kleiner Bruder und deine kleine Schwester sind hässliche Babys". Sie brüllen mir so ein Zeug entgegen, damit ich ausraste. Egal, ob ich berühmt bin oder nicht: Solche schrecklichen Sachen über meine Familie zu sagen, ist völlig inakzeptabel. Und wenn sie es nicht auf meine Familie abgesehen haben, dann beschimpfen sie mich mit den übelsten Beleidigungen, die man sich nur vorstellen kann.

Überhaupt nicht nett.

Die meisten Presseleute sind nicht so, aber es gibt eine bestimmte Art von Paparazzi, die so vorgehen: einen bis aufs Äußerste beleidigen, damit sie ein Foto schießen können, auf dem man wütend oder gekränkt aussieht. Das ist einfach nicht in Ordnung.

Ich möchte niemals in meinem Leben an einem Punkt anlangen, an dem ich es okay finde, diese Art von Belästigung und Beleidigung zu akzeptieren. Weil es einfach nicht akzeptabel ist. Es ist eine Form von Mobbing und unter allen Umständen total unentschuldbar.

Fast jeder Teenager wird irgendwann mal gemobbt – ich bin da keine Ausnahme. Und das gefällt niemandem. Aber ich habe gelernt, dass es Aufgabe der Mitwisser ist, aufzustehen und dagegen vorzugehen. Wenn man gemobbt wird, ist es manchmal schwer, sich zu wehren, aber das muss man. Ich sage nicht, dass man sich prügeln muss, aber seid bereit, euch zu verteidigen, wenn es sein muss. Keiner hat das Recht, euch runterzumachen oder euer Selbstwertgefühl zu zerstören. Gebt niemandem diese Macht über euch.

Michael Jackson redete oft davon, dass man Dinge ändern müsse, anstatt sie einfach hinzunehmen. Und ich möchte seine Botschaft und sein Vermächtnis weiterführen. Wenn ihr also seht, wie jemand gemobbt wird, ist es sehr wichtig, dass ihr euch einmischt und helft, die Situation zu beenden. Aus diesem Grund habe ich mich auch dafür eingesetzt, dass der Film *Bully* schon ab dreizehn Jahren freigegeben wird. Ich wollte, dass unter meinen Altersgenossen eine Diskussion in Gang kommt, weil wir wichtige Anliegen ins öffentliche Bewusstsein rücken können. Du und ich und alle meine Fans in der ganzen Welt können für die nächste Generation etwas verändern.

justinbieber

im smiling all day. u cant phase me. rumors are rumors. lies are lies. we know the real and we #BELIEVE. Hi Haterz. WE R COMING! U cant HIDE

3:45 PM 10 Mar 2012 via web

justinbieber

stay true to yourself. they can never break us. we are a family. #TEAMBIEBER goes HARD!

8:20 AM 8 Nov 2011 via web

Meine Fans haben von Anfang an mich geglaubt und ich an sie – deshalb sind wir heute da, wo wir sind. Was können wir noch erreichen, wenn wir aneinander glauben? Zusammen ist alles möglich!

--

Im Aufnahmestudio, bei der Arbeit an *Believe*. Es ist UNSER Album, UNSER Augenblick. #Believe

KAPITEL 8
BELIEVE

WIEDER IM STUDIO

In meinem Leben gibt es viele musikalische Einflüsse: meine Mom, die mit R&B aus den Neunzigern mein musikalisches Fundament legte; die Mutter meines Dads, die mir das Klavierspielen beibrachte; Usher, der mir soulige Sounds vorspielt; Dan; mein Dad, der mir klassische Rockmusik näherbrachte; Kenny, der old-school R&B, Rap und Soul hört, und sogar Kobe Bryant, der mich daran erinnerte, dass Michael Jackson während seiner ganzen Karriere die Musik anderer Künstler studierte. Bevor ich ins Studio ging, um *Believe* aufzunehmen, fing ich an, alte Platten zu hören und auf Stimmlagen, Arrangements und Ähnliches zu achten. Ich glaube, diese Recherche hat sich positiv auf den kreativen Prozess bei der Produktion des Albums ausgewirkt. Damals war der Rest der Welt sehr fokussiert auf Dance und elektronische Musik, während ich mich eher mit verschiedenen Musikrichtungen beschäftigte, die Soul mit old-school Motown und einem modernen Beat mischen.

Als ich ins Studio ging, um *Believe* aufzunehmen, hatte ich – wie bei allem, was ich tue – ein ganz bestimmtes Ziel im Kopf. Dieses neue Album sollte mein bisher bestes werden, um meinen Kritikern zu beweisen, dass ich keine Popstar-Eintagsfliege bin. Ich ging mit einer Alles-oder-nichts-Haltung an die Sache ran. Jetzt, wo ich achtzehn bin, gibt es, glaube ich, viele Kritiker, die meinen, dass ich bald von der Bildfläche verschwinde, so wie viele junge Stars vor mir. Aber ihr kennt mich. Ich bin sehr ehrgeizig und will etwas Unerwartetes machen. Und genau wie Justin Timberlake, Usher und Michael Jackson, die vor mir den Übergang vom Kinderstar zum erwachsenen Künstler schafften, habe ich nicht vor, in absehbarer Zeit zu verschwinden. Punkt.

Ich weiß, dass es da draußen Leute gibt, die meine Musik hassen, obwohl sie sie noch nie gehört haben. Sie hassen einfach die Vorstellung, dass jemand schon in jungen Jahren so erfolgreich ist. Sie denken, ich wäre ein manipulierter singender Roboter, kein Junge mit einer echten Begabung. Ich bin jede Sekunde des Tages bereit und willens, diesen Leuten zu beweisen, dass sie falschliegen. Ich bin gern in der Rolle des Underdogs. Das gibt meinen Fans und mir ein Ziel, das wir anstreben können.

justinbieber

sitting here listening to these songs we got!!
WE GOT SMASHES!!! SOMEthiNG DIFFERENT!!!
IM HYPED!! #BELIEVE

12:32 PM - 18 Mar 12 via web

Während ich meinen eigenen Weg gehe, denke ich oft über Michael Jackson und seine Karriere nach. Für mich ist *Believe* das, was für Michael nach dem Wahnsinnserfolg von *Off the Wall* die Arbeit an *Thriller* war. Ich wusste bei diesem Album, dass meine größte Herausforderung darin bestand, den Menschen das Gefühl zu geben, dass es cool ist, meine Musik zu mögen. Als ich ins Studio ging, war deshalb allen, mit denen ich zusammenarbeite, klar, dass ich diesmal mehr Risiken eingehen, neue musikalische Ansätze ausprobieren und kreative Herausforderungen suchen wollte, um künstlerisch ein neues Level zu erreichen. Deshalb war ich diesmal auch viel mehr an jedem Aspekt des Albums beteiligt. Ich hatte gar keine andere Wahl, denn ich wollte, dass es perfekt wird. Jedes Detail war wichtig.

My World hatte ich in nur zwei Wochen aufgenommen und so eher anderen die kreativen Zügel überlassen. Für *Believe* verbrachte ich mehrere Monate im Studio, bis ich mit dem Ergebnis zufrieden war. Seit *My World* hatte ich viel gelernt, und nun war ich bereit, meine Erfahrungen und Fähigkeiten einzusetzen. Ich hatte ein großartiges Team, zu dem auch mein Vocal Producer Kuk Harrell gehörte. Kuk, der mich seit Beginn meiner Karriere begleitet, hat schon mit einigen der größten Namen im Musikgeschäft zusammengearbeitet, darunter Beyoncé, Rihanna, Mariah Carey, Chris Brown und Usher. Im Lauf der Jahre hat er mir beigebracht, im Studio bewusster und präziser zu sein, und er hat mir das Selbstvertrauen gegeben, meinen Sound selbst zu bestimmen.

Ich fühle mich verpflichtet, so gut zu sein, wie nur irgend möglich. Wenn ich anfange, schreckliche Musik zu machen, erwarte ich nicht, dass man mich mag. Aber solange ich gute Musik mache, gibt es keinen Grund, warum man mich nicht mögen sollte. Manche Leute müssen sich nur ein Herz fassen und einfach mal zuhören. Ich bin aus einem bestimmten Grund hier und hergekommen, um zu bleiben.

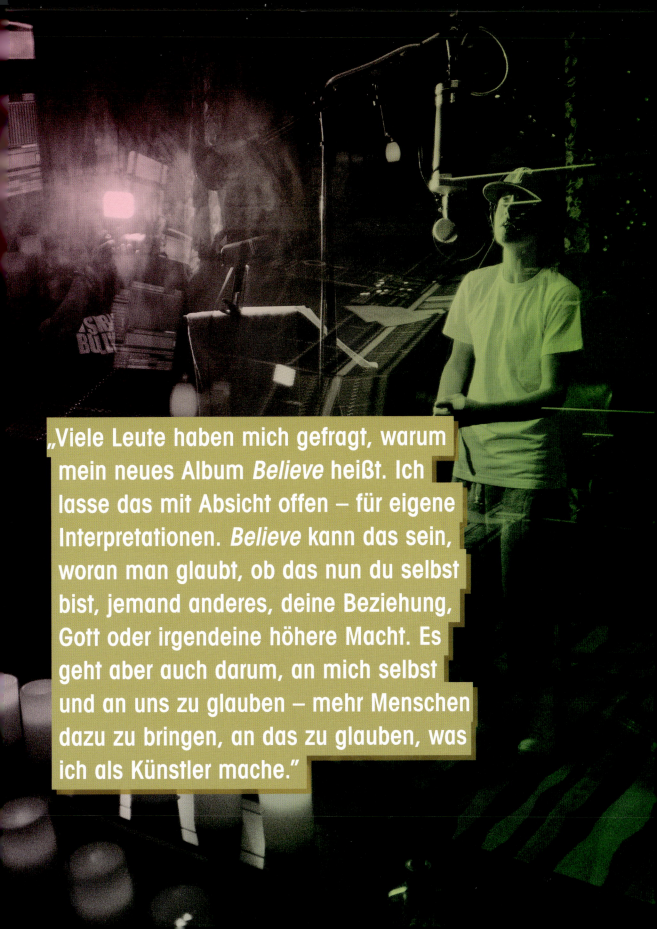

„Viele Leute haben mich gefragt, warum mein neues Album *Believe* heißt. Ich lasse das mit Absicht offen – für eigene Interpretationen. *Believe* kann das sein, woran man glaubt, ob das nun du selbst bist, jemand anderes, deine Beziehung, Gott oder irgendeine höhere Macht. Es geht aber auch darum, an mich selbst und an uns zu glauben – mehr Menschen dazu zu bringen, an das zu glauben, was ich als Künstler mache."

„Es ist erstaunlich, dass ein Junge, der so viel erreicht hat wie er, so sehr kritisiert wird."

– Scooter Braun

justinbieber

the journey is just beginning. #BELIEVE

2:15 PM - 18 Feb 12 via web

Vanessa und ich mit coolen Sonnenbrillen am Set des Videodrehs für „Boyfriend".

BOYFRIEND

Ich war sehr aufgeregt, als „Boyfriend", die erste Singleauskopplung aus *Believe*, erschien, weil der Song definitiv einen anderen Sound hat als meine bisherigen Sachen. Die Produktion dauerte auch ganz schön lange, und deshalb musste der Song einfach voll einschlagen. Co-Autor und Produzent waren Mike Posner und Mason Levy. Unser erklärtes Ziel war es, etwas zu machen, das alle unsere Freunde im Auto immer wieder hören würden. Ich liebe es, mit anderen zusammenzuarbeiten, vor allem, wenn es darum geht, tolle Musik zu produzieren. Als Künstler kann ich nicht an alles denken, und deshalb schätze ich es, wenn die Menschen, mit denen ich arbeite, offen dafür sind, meine Ideen weiterzuspinnen, damit dabei für meine Fans die bestmögliche Musik herauskommt.

Also, ich schätze, wir haben unser Ziel erreicht, denn „Boyfriend" verkaufte sich allein in der ersten Woche in den US-Charts 521 000 Mal! Die Digitalverkäufe der ersten Woche waren die höchsten aller Zeiten weltweit, und die Single ist die meistverkaufte Musiksingle in der Geschichte meines Plattenlabels Universal Music Group. Das hat mich echt umgehauen!

Viele Leute mochten meine Musik nicht, aber als sie „Boyfriend" hörten, änderten sie, glaube ich, ihre Meinung. Das war mein Ziel – mehr Menschen zu „Believers" zu machen. Sie hörten eine neue musikalische Seite an mir – einen souligeren und reiferen Sound mit einer Prise Rhythm and Blues und Hip-Hop. Der Song enthält Anspielungen auf Buzz Lightyear, eine meiner Lieblingsfiguren aus *Toy Story*, und aufs Fondue-Essen. Mit Ersterer wollte ich meine jüngeren Fans ansprechen und mit Letzterer eher die älteren, um ihnen zu zeigen, dass ich sie genauso schätze wie meine Fans im Teenager-Alter. Wahrscheinlich waren einige Leute anfangs schockiert, mich rappen zu hören, aber dann waren sie doch ziemlich schnell begeistert, was mich total gefreut hat. Das komische an „Boyfriend" ist, dass es vielleicht nur der achtbeste Song auf dem Album ist. Ich liebe alle Songs darauf.

#Believe

RIGHT HERE

„Right Here" ist einer meiner Lieblingssongs auf *Believe*, weil ich sowohl am Text als auch an der Melodie mitgeschrieben und den Track von Anfang an mit aufgebaut habe. Der Song ist total eingängig und chillig und bringt wirklich seine Botschaft rüber. Und ich hatte dabei die Gelegenheit, mit Drake zu arbeiten, den ich total respektiere. Er ist so cool und bodenständig. Außerdem hat er immer tolle Melodien auf Lager, und vom Gesang her sind wir auf derselben Wellenlänge. Drake und ich wollten was zusammen machen, weil wir wussten, dass wir für unsere Fans einen großartigen Song schreiben konnten. Unsere einzige Motivation war, einen Song zu kreieren, der sich für uns beide genau richtig anfühlte. Mit „Right Here" ist uns das gelungen, finde ich.

Ich hatte die Idee, einen Song darüber zu schreiben, immer da zu sein, wenn jemand, der mir wichtig ist, mich braucht. Derjenige müsste sich nicht an der Schulter von jemand anderem ausweinen, weil ich immer in seiner Nähe wäre. In meinem Leben gibt es so viele Menschen, die mir diese Sicherheit vermittelt haben, und ich wollte sie wissen lassen, dass ich dasselbe für sie tun würde. Viele Menschen haben im Laufe der Jahre viel für mich getan, und ich bin sehr dankbar für ihre Unterstützung – meine Mom, mein Dad, meine Großeltern, Scooter und unser ganzes Team, aber am meisten meine Fans, die mich noch nie enttäuscht haben. Euch habe ich es zu verdanken, dass ich das machen kann, was ich am meisten liebe, und das ist total cool. Ich habe mir selbst und meinen Fans geschworen, sie niemals im Stich zu lassen, und ich weiß, dass sie mich niemals im Stich lassen. Ich werde mich verändern, aber ich werde immer da sein – ich werde immer KidRauhl bleiben.

> „Als Vocal Producer und Sänger würde ich sagen, dass die Leute Justin mögen, weil er den ‚It-Faktor' hat. Dieses gewisse Etwas, das ihn zum Superstar macht. Aber wenn man ihn singen hört, ist da noch etwas anderes, denn er singt aus dem Herzen, und das merkt man. Er meint alles, was er singt. Er singt nicht einfach irgendeinen Song, sondern gibt sich ganz seinen Fans hin. Justin singt nur Songs, bei denen er etwas fühlt. Wenn er Bedenken hat, singt er den Song nicht. Er legt etwas Authentisches hinein, das die Leute dazu bringt, sich mit seiner Musik zu identifizieren."

– Kuk Harrell

Zwischen Drake und mir entstand im Studio eine großartige Stimmung. Wir wollten beide etwas Besonderes produzieren, und es lag Magie in der Luft.

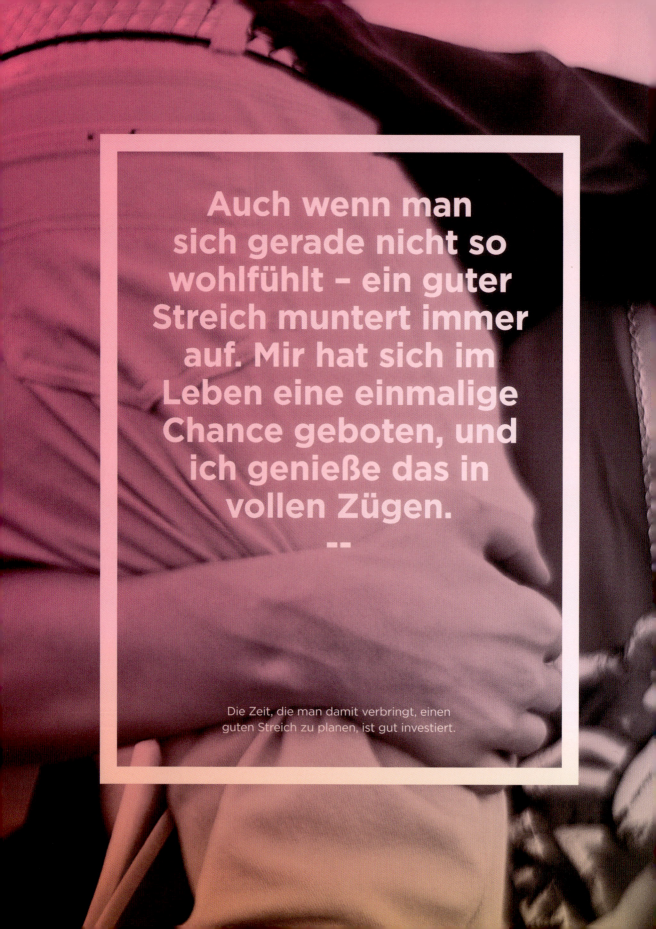

Auch wenn man sich gerade nicht so wohlfühlt – ein guter Streich muntert immer auf. Mir hat sich im Leben eine einmalige Chance geboten, und ich genieße das in vollen Zügen.
--

Die Zeit, die man damit verbringt, einen guten Streich zu planen, ist gut investiert.

KAPITEL 9

GEWAGTE STREICHE

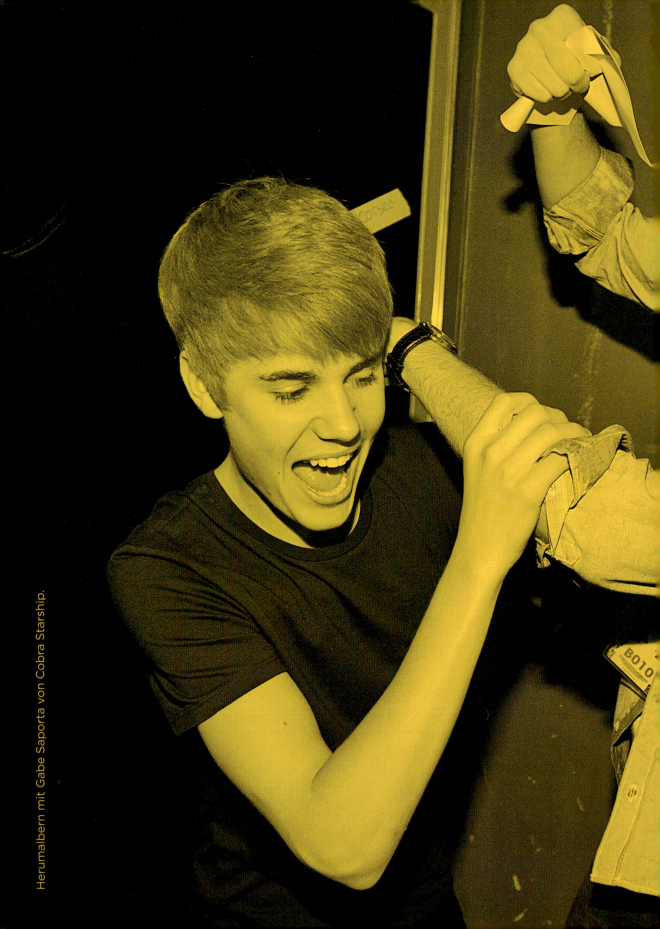

Herumalbern mit Gabe Saporta von Cobra Starship.

dankanter

hey guys just wanted to inform all of the fans first that I have resigned from working with justin and I will be deleting my twitter soon.

10:53 PM - 7 Mar 11 via UberSocial

justinbieber

you will be missed @dankanter but what you did was horrible. you will never be forgiven

11:12 PM - 7 Mar 11 via web

REINGELEGT, DAN!

Alle wissen, dass ich Leuten gern Streiche spiele, und niemand – ich meine wirklich niemand – ist vor mir sicher. Okay, es gibt ein paar Menschen, mit denen ich einen Waffenstillstand geschlossen habe (ihr wisst, wer ihr seid), aber ansonsten nehme ich jede sich bietende Gelegenheit wahr, um jemanden reinzulegen.

Als wir im Rahmen meiner Europatournee in Dublin, Irland, waren, wählte ich Dan Kanter als mein neuestes Opfer aus. Er schöpfte überhaupt keinen Verdacht – darin bin ich besonders gut.

Wir übernachteten in einem Hotel außerhalb der Stadt, es gab also nicht viel zu tun. Wenn ich mich langweile, plane ich immer meinen nächsten Angriff. So auch an diesem Tag. Dieser Streich sollte über Twitter laufen. Wir wissen ja alle, dass Gerüchte sich wie ein Lauffeuer verbreiten, vor allem in den Social Media. Ich schnappte mir also Dans Handy, schloss mich im Badezimmer des Hotels ein und schickte von seinem Account folgenden Tweet ab: „Hey, Leute, ich wollte die Fans zuerst darüber informieren, dass ich meinen Job bei Justin aufgegeben habe und bald auch Twitter kündige." Dann bestätigte ich die Nachricht auch auf meinem Twitter-Account: „Ich werde dich vermissen @dankanter, aber was du gemacht hast, war scheußlich. Das werde ich dir nie verzeihen."

Dans Telefon wurde mit Anrufen bombardiert. Alle wollten wissen, was passiert war! Sogar seine Großmutter rief ganz besorgt an. Zu meiner großen Überraschung waren unsere Fans schockiert – und zwar so sehr, dass Fredo beschloss, dem Streich mit folgendem Tweet ein Ende zu bereiten: „Mach dir keine Sorgen @dankanter. Ich habe gesehen, wie Justin mit deinem Handy getweetet hat. FALSCHER ALARM, Leute! LOL *während Dan mit Justin ringt, um sein Handy wiederzubekommen*"

Um sicher zu sein, dass alle mitgekriegt hatten, dass es nur ein Streich war, tweetete Dan dann noch: „Wurde von JB reingelegt. Ich sollte wohl meine Bewerbungen bei @davematthewsbnd @phish @metallica und @bobdylan zurückziehen und mich #RÄCHEN"

Und was sage ich dazu?

Na ja, meine Millionen von Twitter-Follower hinters Licht zu führen, schien ein ziemlich lustiger Einfall zu sein (ihr wisst, dass ich euch liebe!), aber im Nachhinein war die Idee vielleicht doch nicht so gut.

Aber wen will ich hier eigentlich hinters Licht führen? Es war superlustig!

Ich weiß nicht warum, aber aus irgendeinem Grund liebe ich es, Dan Streiche zu spielen. Vielleicht, weil er ein so liebenswerter Kerl ist, der ein großes Herz hat und zu allen immer nett ist. Alle, die Dan kennen, halten ihn für den nettesten Menschen auf diesem Planeten. Wenn ich ihn reinlege, ist das einfach ... na ja, lustig!

Einen meiner besten Streiche spielte ich ihm nach den Juno Awards in St. John's in Neufundland. Diesmal musste ich weit im Voraus planen. Schon drei Wochen vorher erzählte ich Dan, dass in St. John's eine Überraschung auf ihn warte und ich nach der Juno-Verleihung ein privates Dinner mit einem seiner Lieblingskünstler arrangiert hätte. Ich sagte ihm, er solle einen Anzug mitnehmen, weil es ein formelles Dinner sein würde. Dan schleppte also wochenlang einen Anzug mit sich rum, bis wir schließlich in Neufundland ankamen. Ihr könnt mir glauben: Es ist ganz schön anstrengend, zu versuchen, auf einer Tournee einen Anzug knitterfrei zu halten.

Dan fragte die ganzen drei Wochen lang alle im Team, ob sie wüssten, wen er treffen würde. Natürlich hatte ich alle eingeweiht, also schwiegen sie oder sagten nur: „Das wirst du schon sehen." Er wurde fast verrückt vor Neugier, und ich genoss jede Sekunde.

Jedes Mal, wenn er mich fragte, wer der Überraschungsgast sei, versuchte er zu raten. „Ist es Dylan?"
„Du wirst schon sehen", sagte ich.
„Elton John?"
„Du wirst dich gedulden müssen, Kumpel ..."
„Bon Jovi?"
Ich sagte nur: „Du findest es bald heraus."

Aus irgendeinem Grund gelangte Dan zu der Überzeugung, es müsse sich um Bon Jovi handeln. Also fing er an, alles über die Band zu lesen, um gut auf das Treffen vorbereitet zu sein.

Am Abend des Dinners arrangierte ich, dass Dan abgeholt und zum Restaurant gefahren wurde. Am Eingang wurde er vom Manager des Restaurants begrüßt und nach hinten in einen Raum geführt, wo ein großer Bodyguard wartete. Der Bodyguard sprach kaum Englisch, und wenn, dann nur mit einem starken deutschen Akzent, also konnte Dan sich nicht mit ihm unterhalten. Der Manager bat Dan, sich an den Tisch zu setzen und zu warten.

Dan fing tatsächlich an zu schwitzen, während er wartete und sich fragte, wer gleich zur Tür reinkommen würde. Nach fünf Minuten sagte der Bodyguard: „Sind Sie bereit, die Band zu treffen?" Als sie in einen anderen Privatraum gingen, zitterte Dan richtig.

In diesem Raum stand ich dann im Kapuzenshirt mit dem Rest der Gang. Alle waren leger angezogen und lachten sich über Dan kaputt, der natürlich seinen Anzug trug! Dan fand die ganze Sache total lustig. Ich hatte ein Dinner für alle organisiert, also war es am Ende gar nicht so schlimm – außer vielleicht für Dan, der den ganzen Abend im Anzug verbringen musste.

Anthony, einer meiner Tänzer, wurde von dieser Dusche total überrascht. Erwischt!

„Wir spielen einander gerne Streiche, aber wir lachen auch viel über die verrückten Sachen, die uns jeden Tag passieren, wenn wir auf Tournee sind. Man muss einfach Spaß haben und lachen, wenn man so viel Zeit mit denselben Leuten verbringt."

„Ich bin noch jung, da kann ich alles Mögliche tragen. Inzwischen habe ich einen eigenen Style entwickelt, den ich ziemlich swaggy finde."

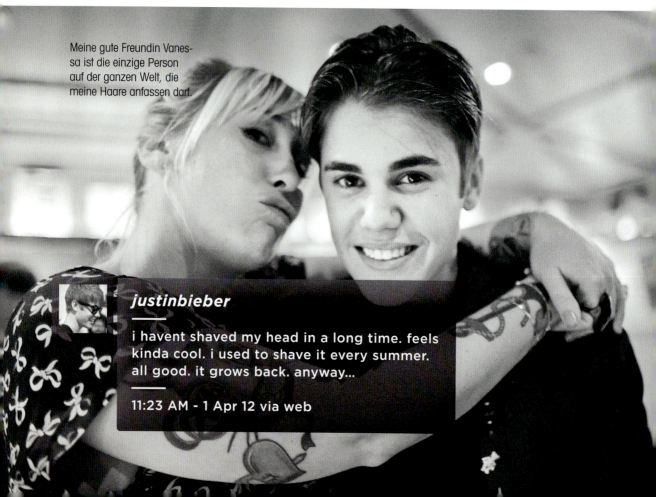

Meine gute Freundin Vanessa ist die einzige Person auf der ganzen Welt, die meine Haare anfassen darf.

justinbieber

i havent shaved my head in a long time. feels kinda cool. i used to shave it every summer. all good. it grows back. anyway...

11:23 AM - 1 Apr 12 via web

SWAGGY

Ja, ich weiß, was ihr denkt. Eigentlich kann ich nicht erklären, warum, aber viele Leute lieben es, über meine Haare zu reden. Ich bin ein ganz normaler Typ, der morgens aufwacht und seine Klamotten anzieht – meistens ein Kapuzenshirt, Jeans, Turnschuhe und eine Baseballkappe. Ich weiß nicht, wieso etwas so Einfaches wie ein Haarschnitt so beliebt werden kann, aber meiner wurde es. Wenn man sich Musikikonen von früher ansieht, zum Beispiel Elvis, die Beatles, Billy Idol oder Michael Jackson, dann stellt man fest, dass sie alle die Mode beeinflusst haben, und vor allem auch die Haarmode. Es ergibt also irgendwie Sinn, dass meine Frisur das auch tut.

Ich trug meinen typischen Haarstil mehrere Jahre lang, bis ich eines Tages beschloss, dass ich etwas anderes ausprobieren wollte – ihr wisst schon, meinen Look verändern wie David Beckham. Meine Hairstylistin Vanessa ist die Einzige, die mir die Haare schneiden darf. Wir lernten uns bei meinem allerersten professionellen Fotoshooting kennen. Es war ihre Aufgabe, meine Haare so zu stylen, dass es zu mir passte, ich mich damit wohlfühlte und es dem entsprach, was sie als meinen „kanadischen Eishockeyhelm" bezeichnete. Ich glaube, sie wollte damit ausdrücken, dass ihr mein Look nicht besonders gefiel. Ich erholte mich damals gerade von dem schlimmsten Haarschnitt aller Zeiten – einer Art Bart-Simpson-Frisur. Also war ich nicht gerade erpicht darauf, dass jemand mir in den Haaren herumpfuschte. Ich sage immer geradeheraus, was ich mag und was nicht, und

auf Vanessa lastete ein ziemlich großer Druck. Aber mit ihrer Arbeit gewann sie an diesem Tag mein Vertrauen und auch meine Loyalität.

Als es also an der Zeit war, etwas zu verändern, besprach ich die Sache mit Vanessa, und wir waren uns einig: So wie sich meine Musik und meine Karriere weiterentwickelt hatten, traf das auch auf mein Styling zu – inklusive Frisur. Okay, also einmal tief Luft holen. Noch ein letztes Mal die Haare schütteln. Jetzt, um Himmels willen, könnte jemand die Presse auf den Plan rufen, weil ich – eine neue Frisur habe. Wirklich? Es ist ein neuer Haarschnitt, Leute! Nur eine Frisur. Die Beschaffenheit des Universums wurde nicht verändert – nur die Länge meiner Haare!

Ihr könnt mir ruhig glauben, wenn ich euch sage, dass ich schon darüber nach-gedacht habe, mir den Schädel komplett kahl zu rasieren – damit ich beim Basket-ball etwas windschnittiger bin und einen auf Michael Jordan machen kann. Aber könnt ihr euch vorstellen, was dann in den Medien los wäre? Obwohl ich mir wahr-scheinlich nie eine Glatze rasieren werde, tat ich 2011 in der Show *Jimmy Kimmel Live* so, als würde Talkmaster Jimmy Kimmel mir die Haare abschneiden. Aber keine Sorge, es war nur ein Spaß, und Vanessa muss nicht befürchten, dass Jimmy ihren Job übernimmt!

Ich habe definitiv meinen eigenen Stil – mir gefällt es, mich durch meine Kleidung auszudrücken.

justinbieber

"young james dean. naw. young justin bieber"
SWAG. #photoshoot #1stSingle

3:39 PM - 28 Feb 12 via web

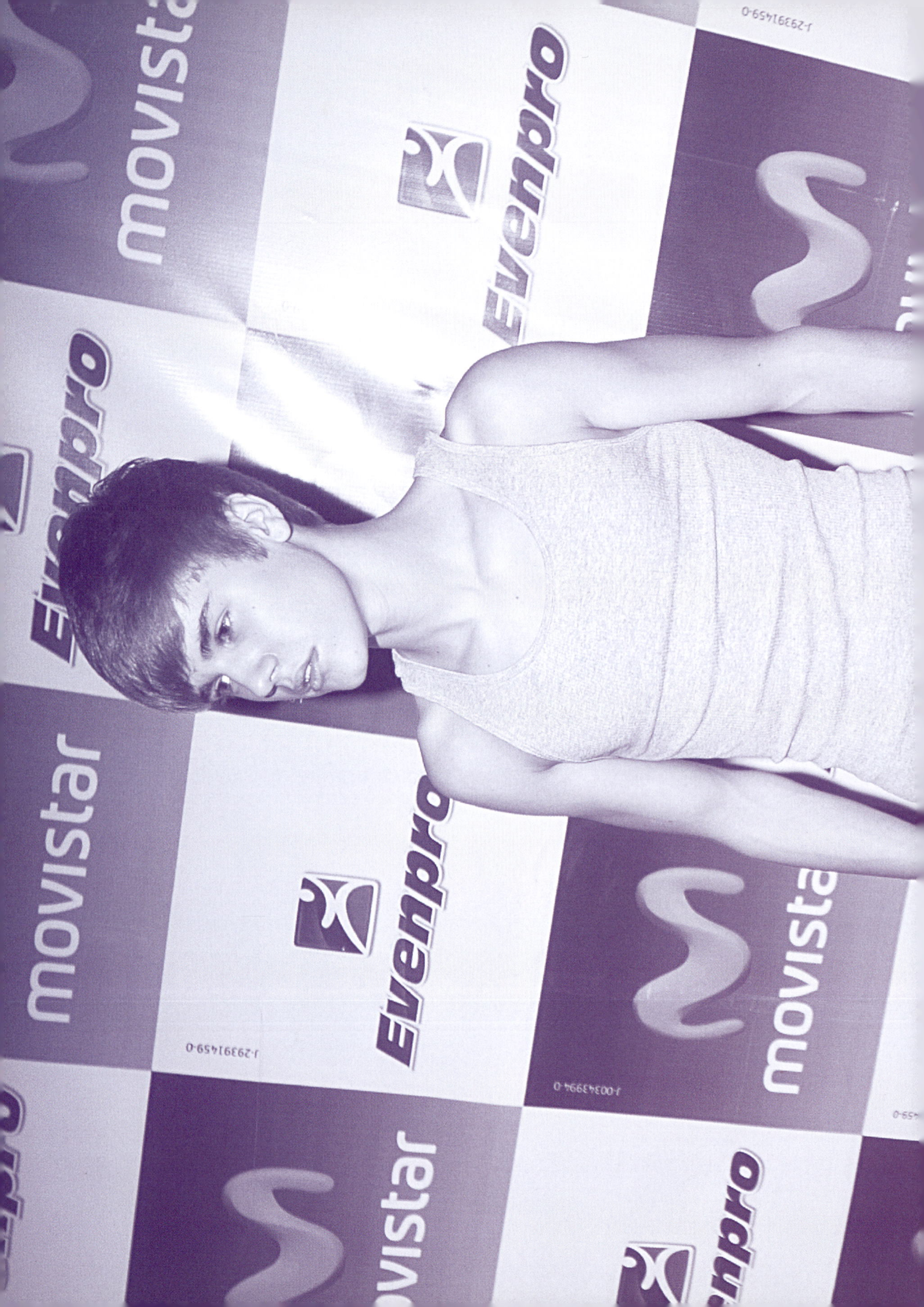
movistar
Evenpro
J-29391459-0
J-00343994-0

„In der heutigen verrückten Welt sind es die Jungen, die die Gesellschaft prägen. Junge Menschen bestimmen, was cool ist. Junge Menschen bestimmen die Mode. Also sage ich immer: ‚Haltet euch an die Jugend!'"

justinbieber

even when you arent feeling well a good prank feels sooo good. #pranksterontheloose

10:15 AM - 8 May 11 via web

PUNK'D

In Anbetracht meiner Vorliebe für Streiche war es nur logisch, dass ich der erste Gastmoderator von *Punk'd* wurde, als MTV die erfolgreiche Show nach fünfjähriger Pause wiederbelebte. In der ersten Show durfte ich meinen bisher größten Streich planen.

Und wer war mein ahnungsloses Opfer? Meine gute Freundin Taylor Swift.

Ich rief Taylor an und fragte, ob sie zu meinem Strandhaus rüberkommen und mir bei einem Song für mein Album helfen würde. Taylor war einverstanden und bat mich sogar, als Überraschungsgast bei einem ihrer Konzerte in Los Angeles aufzutreten.

Während wir „im Studio" waren – eigentlich ein Haus in Malibu, das das Team von *Punk'd* nur ausstaffiert hatte, damit es so aussah wie ein Aufnahmestudio –, überredete ich Taylor, mit mir ein paar Feuerwerkskörper zu zünden. Einer davon landete „aus Versehen" auf einem Boot, auf dem gerade eine Hochzeitsfeier stattfand, und setzte es in Brand – die Gäste (alles Schauspieler) mussten ins Wasser springen und an Land schwimmen. Taylor glaubte wirklich, dass sie das Boot abgefackelt hatte! Sie ist eine so liebe und freundliche Person, dass sie total entsetzt war bei dem Gedanken, die Hochzeit dieser Leute ruiniert zu haben. Als die „Braut" am Ufer angekommen war, fühlte sich Taylor hundeelend und sagte immer wieder: „O mein Gott, es tut mir so leid!"

Ich machte mir natürlich einen Spaß daraus, Taylor die Schuld zu geben, bis ich ihr schließlich gestehen musste, dass sie gerade „gepunk'd" worden war.

Glücklicherweise fing sie an zu lachen und sagte nur: „Wie konntest du mir das antun?"

In einer anderen Folge von *Punk'd* probierten wir die alte Methode „Ködern und Rollen tauschen" an Miley Cyrus aus. Sie dachte, MTV hätte einen Streich geplant, bei dem sie mich reinlegt, was sie aber nicht wusste, war, dass eigentlich sie reingelegt wurde, weil das ganze Szenario von Anfang an gestellt war. Miley sollte denken, dass sie ein paar Skateboardfahrer dazu angestiftet hatte, sich bei mir darüber zu beschweren, wo ich mein Auto geparkt hatte. Ich tat dann so, als raste ich völlig aus und würde die Kids auf dem Parkplatz zusammenschlagen. Miley beobachtete das Geschehen auf einem Videomonitor in dem Wohnwagen, in dem sie sich vor mir versteckte, und ahnte immer noch nicht, dass sie es war, die hier reingelegt wurde. Als ich anfing so zu tun, als würde ich die Skateboarder verprügeln, wurde Miley panisch und wollte das Ganze stoppen. Sie flehte die Produzenten an, mit dem Filmen aufzuhören und den Kids auf dem Parkplatz zu helfen, die inzwischen am Boden lagen und aussahen, als wären sie wirklich verletzt. Bevor sie rauskam, rannte ich weg, damit sie mich nicht an Ort und Stelle zur Rede stellen konnte.

Ein paar Minuten später tauchte ich plötzlich wieder auf, um ihr mitzuteilen, dass sie gepunk'd worden war – und außerdem wollte ich ihr und dem Rest der Welt zeigen, dass ich absolut unpunkbar bin! Ihre Reaktion war total lustig, und ich habe jede Sekunde genossen.

Ich hoffe, dass ich in Zukunft bei noch mehr Shows dabei sein werde, weil ich genau diese Art von Streichen liebe und mit MTV und den Produzenten von *Punk'd* noch viel aufwendigere Szenarien auf die Beine stellen kann als allein. Mein früherer Stylist und guter Freund Ryan arbeitet inzwischen für das Team von *Punk'd*, also bin ich bestimmt noch öfter dabei!

Wer wird wohl mein nächstes Opfer sein?

„Wer wird wohl mein nächstes Opfer sein?"

PRIVATE EVENT

JUSTIN BIEBER
AROUND THE WORLD
TELEVISION SPECIAL

APOLLO

JUNE 18, 2012

justinbieber

but man they got me tonight. cant help but smile and laugh. it was a good one. the prankster got pranked. anyone got video of it?

9:43 PM - 5 Sep 10 via web

ONE LESS LONELY ... BOY?

Caracas, Venezuela
25. Oktober 2011

Zum Ende einer Tournee spielen wir uns in der Crew ständig Streiche. Wir sind dann schon seit Monaten unterwegs und alle ein bisschen genervt. Deshalb versuchen wir, es etwas interessanter zu machen – was uns manchmal nur zu gut gelingt!

Inzwischen wisst ihr ja, dass man mich eigentlich nicht reinlegen kann. Aber ich muss zugeben, dass meine Crew mich am 5. September 2010 auf der *Maryland State Fair Show*, wo ich im Rahmen der *My-World*-Tour auftrat, voll erwischte. In jeder Show hole ich zu einem bestimmten Zeitpunkt ein Mädchen aus dem Publikum auf die Bühne, singe „One Less Lonely Girl" und überreiche ihr ein Dutzend Rosen. Das ist normalerweise ein ganz besonderer Moment für uns beide. Aber bei dieser Show hatte meine Crew beschlossen, mich so richtig reinzulegen.

Junge, das ist ihnen gelungen. Und ich meine tatsächlich JUNGE!

Es ist nicht einfach, etwas vor mir zu verheimlichen, aber meine Crew hatte beschlossen, anstelle eines Mädchens Marcus Wade, unseren Special Effects Operator, auf die Bühne zu bringen. Marcus ist ein großer stämmiger Kerl, der aussieht wie ein Gewichtheber. Als ich ihn mitten auf der Bühne auf einem Hocker sitzen sah, gefror mir das Blut in den Adern. Das hatte ich wirklich nicht erwartet.

„Stopp, das ist ein erwachsener Mann!", sagte ich mir.

Aber ich hörte nicht auf zu singen, änderte die Worte nur in „One Less Lonely Boy", ohne einen Takt auszulassen.

Auf keinen Fall wollte ich Marcus ein Dutzend Rosen überreichen, also gab ich die Blumen einem Mädchen in der ersten Reihe. Ich ging auf Marcus zu, der sich wie ein liebeskranker Welpe nach mir streckte, und verpasste ihm statt einer Umarmung mit der flachen Hand einen Klatscher auf seine Glatze. Ich wusste, dass ich gerade vor dem gesamten Publikum reingelegt worden war. Um Marcus nicht umarmen zu müssen, fiel mir nur ein, meine Managerin Allison vom Backstage-Bereich auf die Bühne zu zerren – mir war klar, dass sie sich das Ganze ausgedacht haben musste. Tja, im Prinzip gut gedacht, nur, dass Marcus mich hochhob und wie eine kleine Stoffpuppe von der Bühne trug. Eins zu null für dich, Allison. Aber denk dran: Rache ist süß!

APOLLO | 75TH ANNIVERSARY

GREEN ROOM

Green rooms are generally spaces used as offstage reception areas for performers. The Apollo Theater's Green Room long served as the congregating vicinity for contestants appearing at Amateur Night. Before they were called to the stage to perform, they eagerly waited there. Early on at the Apollo, the Green Room also functioned as an entrance to the Orchestra Pit.

After a new stage was built at the Apollo four years ago, the Green Room was refurbished. It continues to serve as the pre-performance meeting space for all the artists performing on the stage, but it is also used for small in-house Apollo receptions and conferences.

Ich halte mich nicht für mächtig. Wenn überhaupt, sind meine Fans das. Es liegt nur an ihnen. Wenn sie meine Alben nicht kaufen und nicht zu meinen Shows kommen, verschwinde ich von der Bildfläche.

--

Ich liebe alle meine Fans, wo immer sie auch herkommen und wo immer sie sind. Ich habe ein Riesenglück, Fans wie euch zu haben, und ich versuche, immer so zu handeln, dass ihr stolz auf mich sein könnt.

KAPITEL 10

ES GEHT UM EUCH

BELIEBERS

Ich habe die besten Fans der ganzen Welt. Einige sind sogar „Superfans" – sie reisen mir von Stadt zu Stadt hinterher (ihr wisst, wer ihr seid!) und tauchen während einer Tournee bei verschiedenen Konzerten in der ersten Reihe auf. Ein Fan, Teddy, kam in Paris, Zürich und Israel zur Show! Das nenne ich wahre Hingabe.

Als wir zum allerersten Mal in Australien tourten, bekam Scooter tonnenweise Interview-Anfragen von allen möglichen Medien. Wir bekamen auch einen Tweet von @JBSource, einem auf Twitter basierenden Fanklub mit 90 000 Followers. Die zwei Mädchen, die den Fanklub gegründet hatten, kamen zu meinem Konzert und fragten bei Scooter an, ob sie mich für ihre Twitter-Seite interviewen könnten. Sie wollten ein Video-Interview machen und für die Follower posten. Wir hatten schon über hundert Anfragen abgelehnt, aber wir wussten beide, dass wir uns für diese Mädchen Zeit nehmen mussten.

Scooter sagte, das wäre das wichtigste Interview, das wir hier überhaupt machen konnten.

Und er hatte hundert Prozent recht.

Wir luden also die zwei Mädchen ein und dazu einen der Väter und noch zwei Freunde. Das Interview machte mir total viel Spaß, weil ich ganz genau wusste, wer die beiden waren. Ihr Video wurde dann zu einem der meistgesehenen Videos der Woche – alle Fans ihrer Site sahen es sich an, was mich total freut, weil ich am liebsten direkt mit meinen Fans spreche.

„Das Foto rechts wurde backstage während eines Meet-and-Greet in Santiago, Chile, gemacht. Das kleine Mädchen auf meinem Schoß schlief die ganze Zeit über. Ich fand es toll, dass sie völlig unbeeindruckt davon war, bei einem Justin-Bieber-Konzert hinter der Bühne zu sein. Das war irgendwie erfrischend und total süß."

„Meine Fans sind das, was mich durchhalten lässt. Die Leute lächeln und weinen zu sehen – das ist der Wahnsinn."

STURM DER FANS

Barcelona, Spanien
6. April 2011

Vor Barcelona hatte ich nur ein anderes Konzert gegeben, bei dem es keine festen Plätze gab, und damals geschworen, das nie wieder zu machen. Alle quetschen sich in den Bereich vor der Bühne und drängeln sich so nah wie möglich an die Bühne heran. Das ist wie ein riesiger Moshpit. Die Menge wird richtig wild, und ich wollte nicht, dass jemand verletzt wird. Die Palau Sant Jordi Arena in Barcelona macht aber nur solche Veranstaltungen, also hatte ich keine Wahl. Es war ein sehr heißer und schwüler Tag, und die Leute hatten schon seit Stunden in der sengenden Sonne angestanden. Wir ließen zwar Wasser verteilen, aber trotzdem fielen überall Menschen in Ohnmacht.

Als die Türen zur Arena sich endlich öffneten, brach der pure Wahnsinn aus. Es war wie das berühmte Stiertreiben von Pamplona, nur dass diesmal Menschen auf der Suche nach einem guten Platz die Arena stürmten. Glücklicherweise wurde dabei niemand verletzt, aber wir machten uns alle Sorgen wegen der Hitze und der gewaltigen Menschenmenge. Drinnen war es noch heißer als draußen, weil die Luft stickig war und stillstand. Wir hatten für dieses Konzert aber zusätzliche Sanitäter und Sicherheitsleute organisiert, und abgesehen von ein paar Fans, die in Ohnmacht fielen, ging alles ziemlich glatt über die Bühne.

„Ganz besonders in Erinnerung geblieben ist mir eine Akustik-Show, die wir gaben, als wir zum allerersten Mal in Frankreich waren. Wir kamen auf die Bühne, und Justin sang ‚One Less Lonely Girl'. Das war in einem Klub in Paris, und als er auf einmal auf Französisch sang, explodierte das Publikum förmlich und sang die nächste Stunde jedes Wort mit."

– Dan Kanter

MA CHERIE

Paris ist eine Stadt, mit der ich viele besondere Momente in meiner Karriere verbinde. Einer der unvergesslichsten war ein Auftritt aus der Anfangszeit, den Dan und ich vor fünfzig Gewinnern eines Radiogewinnspiels in den Büros von Universal gaben. Wir waren in einem Sitzungsraum und spielten ein paar akustische Songs, als von draußen plötzlich ein donnerndes Geräusch zu uns drang. Tausende von Fans hatten irgendwie herausgefunden, wo wir waren, und waren unangemeldet aufgetaucht. Damals habe ich noch öfter getweetet, dass ich dann und dann bei einem bestimmten Radiosender meine Songs promoten würde, damit die örtlichen Fans dort auftauchten. Ich dachte mir, wenn der Chef des Senders diese ganzen Kids vor seinem Büro sah, würde er meine Songs spielen. Aber diesen speziellen Auftritt in Paris hatte ich absolut niemandem angekündigt. Es war also eine Riesenüberraschung für mich, dass die Fans gekommen waren, um mich zu unterstützen. Das hat mich echt umgehauen.

Vor einem der Büros gab es einen wunderschönen Balkon aus Stein, der aussah wie aus einer Kulisse für *Romeo und Julia*. Ich dachte, es wäre cool, wenn Dan und ich auf den Balkon rausgingen und für alle spielten – was wir dann auch taten. So ähnlich muss es gewesen sein, als die Beatles 1969 in London auf dem Dach von Apple Records spielten. So stelle ich es mir zumindest vor. Bisher hatte ich so etwas nur ein paar Mal gemacht. Es war ein tolles Erlebnis für alle, aber vor allem für meine Fans, die mich dorthin gebracht haben, wo ich heute bin. Es war nur eine kleine Geste, aber es war meine Art, mich zu bedanken und meine Anerkennung zu zeigen.

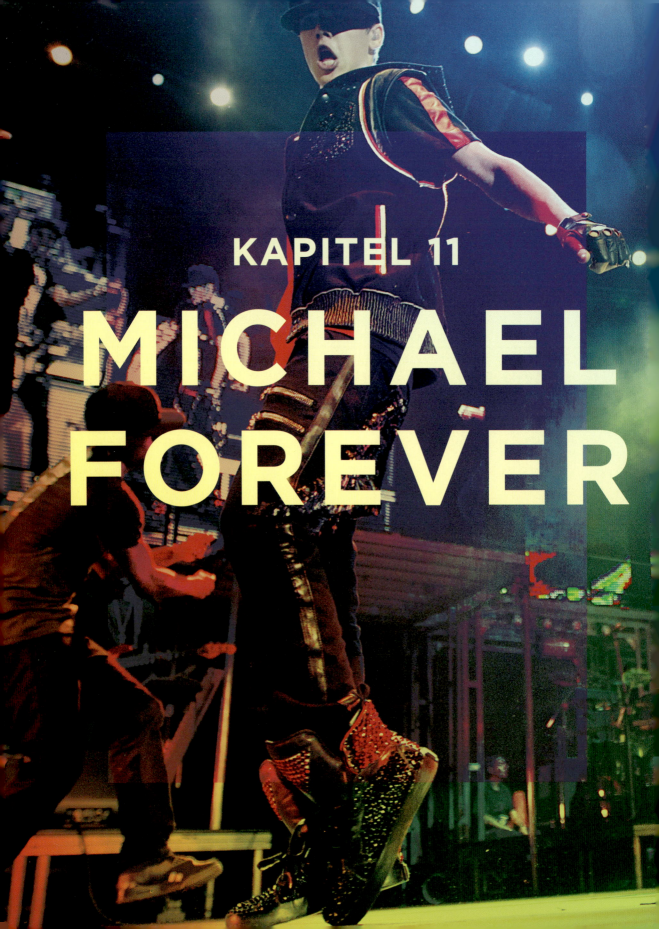

KAPITEL 11

MICHAEL FOREVER

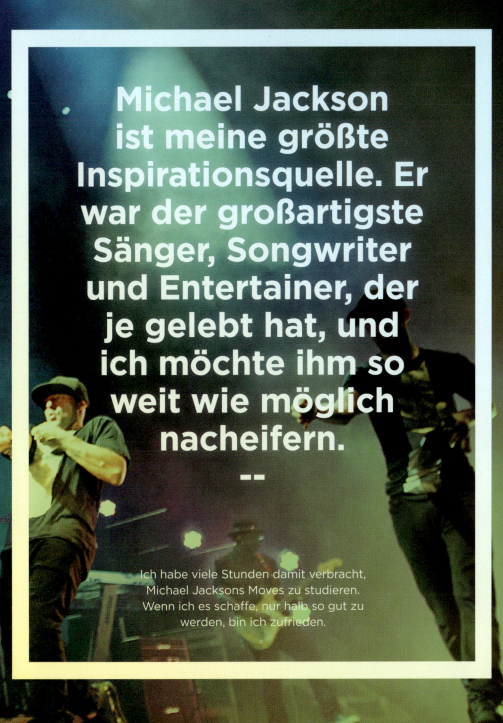

Michael Jackson ist meine größte Inspirationsquelle. Er war der großartigste Sänger, Songwriter und Entertainer, der je gelebt hat, und ich möchte ihm so weit wie möglich nacheifern.

--

Ich habe viele Stunden damit verbracht, Michael Jacksons Moves zu studieren. Wenn ich es schaffe, nur halb so gut zu werden, bin ich zufrieden.

MICHAEL FOREVER

Hollywood, California
26. Januar 2012

Ich fühlte mich supergeehrt, als mein Team mir sagte, dass wir zu der Zeremonie eingeladen seien, bei der Michael Jackson auf Hollywoods Walk of Fame verewigt werden sollte. Die Familie hatte persönlich um meine Anwesenheit gebeten, weil sie mich für den einzigen Künstler der neuen Generation hält, der Ähnlichkeit mit Michael hat. Es war ein Privileg, an diesem sehr intimen und emotionalen Ereignis teilzunehmen und von der Familie meines Idols anerkannt zu werden. Ich freute mich total darauf, seine Kinder, seine Mutter und seine Brüder kennenzulernen.

Als Michaels Tochter Paris mich vorstellte, war ich etwas nervös, da dies ein großer Tag für alle war. In meiner Rede erklärte ich, dass Michael für mich mehr als nur ein Entertainer war – er war auch eine Quelle der Inspiration. Die meisten erinnern sich daran, wie er tanzte und sang, aber ich möchte mich an ihn als Menschen erinnern – als jemand, der das Leben vieler anderer positiv beeinflusst hat. Er hat mich dazu inspiriert, das Beste aus mir herauszuholen – weil er auch immer sein Bestes gab. Er tanzte und übte ständig und schöpfte seine Kreativität aus. Das halte ich mir so oft wie möglich vor Augen.

Nach den Feierlichkeiten sagte Mrs Jackson mir, dass ihr Sohn meinen Auftritt genossen und sein Vermächtnis gern an jemanden wie mich weitergegeben hätte. Das machte mich sprachlos. Und dann kam Paris rüber und meinte, dass ihr Vater gern der Mentor von jemandem wie mir gewesen wäre. Das zu hören, war ... na ja, völlig surreal.

Und als ob das noch nicht genug der Ehre wäre, kamen dann auch noch Michaels Brüder zu mir und sagten: „Wir haben ein Geschenk für dich." Sie gaben mir eine Nachbildung von Michaels berühmter roter Lederjacke, die er in *Thriller* getragen hatte. Sie hatte genau die gleiche Größe wie die Originaljacke. Sie baten mich, die Jacke anzuziehen und mich mit ihnen fotografieren zu lassen. Als ich die Jacke anzog, mussten wir alle lachen, weil sie perfekt passte. Und das Beste: Die Jacke war von Michael und allen Brüdern signiert. WAHNSINN!

Ein Teil dieser Feier zu sein, war etwas, dass ich mir als Kind nie hätte träumen lassen. Es war einer dieser Tage, von denen man wünscht, sie würden nie zu Ende gehen. Ich war umgeben von Menschen, die Michael Jackson liebten, und seine Familie nahm mich mit offenen Armen auf, als wäre ich einer von ihnen. Das bedeutete mir unendlich viel. Es war einer der schönsten Tage meines Lebens.

justinbieber

just left the Michael Jackson ceremony...i dont get nervous usually but i was really nervous. to be with his family. he was the greatest!

2:15 PM - 26 Jan 12 via web

justinbieber

@ParisJackson thanks for having me today and the things you said. your dad will always be my mentor. his career is all i study. #THEGREATEST

10:11 PM - 26 Jan 12 via web

SCOOTER:

Viele Menschen vergleichen die Art, wie Justin vor unser aller Augen aufwächst, mit Michael Jackson – sie sagen, Justin würde als Teeniestar ähnliche Erfahrungen machen wie Michael. Aber das stimmt nicht. Michael wuchs in einer Gruppe auf und in einer Zeit, als es noch keine Kamerahandys, Twitter, Facebook und Paparazzi gab. Michael kannte diese Art Technologie am Anfang seiner Karriere nicht, weil sie damals noch nicht existierte. Er wusste natürlich, was es bedeutet, als Star aufzuwachsen, aber er wusste nicht, was es bedeutet, rund um die Uhr unter Beobachtung zu stehen. Bis er seine Solokarriere startete, wusste er auch nicht, was es bedeutet, ganz auf sich allein gestellt zu sein, ohne die Unterstützung einer Gruppe. Wenn Michael keine Lust hatte, Interviews zu geben, konnten Tito, Jermaine oder Marlon für ihn einspringen. Wenn Michael zum Beispiel in den Park gehen wollte, war das möglich. Was immer die Fans sahen, wurde nicht mit dem Handy festgehalten und ins Netz gestellt. Es blieb eine schöne Erinnerung für die Fans, die sich zufällig gerade im Park befunden hatten.

Justin kann niemanden seine Interviews für sich führen lassen. Wenn er in den Park geht und Fans begegnet, twittern sie, machen Fotos und laden alles in Sekundenschnelle auf Facebook hoch. Das setzt jeden unter enormen Druck, vor allem aber einen Teenager, der einfach nur ein Teenager sein will. Manchmal gefällt es ihm und manchmal nicht. Seit er vierzehn ist, kennt Justin nichts anderes, als so in der Öffentlichkeit zu stehen. Seine ganze Jugend verläuft unter den Augen der Welt.

Ich liebe es, in Stadien zu spielen – einfach fantastisch, so viele Menschen zu sehen, die meine Musik genießen. Und es ist befriedigend, zu wissen, dass man Menschen auf der ganzen Welt mit seiner Musik positiv berührt.

--

Ein ruhiger Moment während eines Konzerts in Caracas. Ich bin sehr dankbar, dass ich ein so unglaubliches Leben führen darf.

KAPITEL 12

DER
ANFANG

TEIL ZWEI

DIE ULTIMATIVE SUITE

Mexiko-Stadt, Mexiko
1. Oktober 2011

Ich liebe es, auf der Bühne zu stehen – wegen des Adrenalinkicks und dem Lächeln auf den Gesichtern meiner Fans. Zu wissen, dass ich sie glücklich mache, macht mich glücklich. Bei einem Auftritt kann ich alle meine Gefühle rauslassen und bin wie in einer anderen Welt. Ich kann es nicht wirklich beschreiben. Ein typisches Konzert dauert im Schnitt neunzig Minuten, aber manchmal singe ich länger, vor allem, wenn die Menge das lautstark fordert. Nach einer Show bin ich so aufgedreht, dass ich nicht direkt einschlafen kann. Dann spiele ich im Hotel Videospiele oder sehe mir einen Film an, bis mir endlich die Augen zufallen.

Vor unserer Show in Mexiko-Stadt war ich total aufgeregt, weil es mein erstes Konzert in einem Stadion als Headliner war. Im Juni 2010 war ich bereits ein paarmal in einem Stadion aufgetreten – das erste Mal mit Taylor Swift im Gillette Stadium in Massachusetts und danach im Wembley-Stadion in England anlässlich eines Sommerballs von Capital FM Radio. In Wembley hatte ich sogar vorher schon einmal gesungen. Das war ein Auftritt, den ich nie vergessen werde, weil ich mir den Fuß brach, während ich zu „Baby" tanzte. Ich habe es noch geschafft, den Song zu beenden, brach aber hinter der Bühne zusammen, weil ich nicht laufen konnte. Die nächsten vierzehn Konzerte musste ich mit einem Gips durchstehen. Aber dank der Unterstützung meiner Fans habe ich es irgendwie geschafft.

„Manche Künstler geraten in Panik, wenn sie ihren großen Solo-Moment bekommen, weil sie plötzlich vor der ganzen Welt stehen. Aber Justin ist dann total aufgedreht und sehnt diesen Moment herbei."

– Scooter Braun

Ich liebe es, in Stadien zu spielen, weil die riesige Menschenmenge mich noch mehr als sonst aufputscht, vor allem wenn alle ausrasten! Es ist fantastisch, zu sehen, dass so viele Menschen die Musik genießen, die ich mit einer Handvoll Leuten im Studio gemacht habe. Und es gibt einem ein Gefühl der Befriedigung, zu wissen, dass man Menschen rund um die Welt mit seiner Musik positiv beeinflusst. Wenn dir das auf der Bühne klar wird, breitet sich ein totales Glücksgefühl in dir aus. Wenn so viele Menschen vor dir stehen und du weißt, dass sie auch auf diesen Moment gewartet haben – das ist das unglaublichste Gefühl auf der ganzen Welt. Dann möchte ich einfach nur alles geben, mit der Menge interagieren und die Bühne nie wieder verlassen.

Mexiko war die zweite Station auf unserer Tour durch Südamerika – vorher hatten wir in Monterrey gespielt, wo das Publikum einfach toll war. Es war schon mitten in der Nacht, als wir in Mexiko im Hotel ankamen. Manchmal übernachten wir in sehr eleganten Traditionshotels mit antikem Mobiliar und manchmal in cooler gestylten modernen Hotels. Das W Hotel in Mexiko-Stadt gehört definitiv in die Cool-Kategorie. Als ich nachts meine Suite betrat, wurde ich von einem Basketballfeld überrascht, das man in der Mitte des Raums aufgebaut hatte. Die Suite war nämlich eine Art Loft, groß genug für ein Basketballfeld. Keine Ahnung, woher das Hotel wusste, was meine Lieblingssüßigkeiten sind, aber sie hatten Schüsseln mit verschiedenen sauren Fruchtgummidrops (Watermelon Sour Patch, saure Skittles und Sour Patch Kids) im ganzen Raum verteilt. Und neben dem großen TV-Bildschirm lagen Michael-Jackson-DVDs. Fredo und ich blieben auf und spielten fast die ganze Nacht Basketball. Da ich am nächsten Tag ein Konzert geben musste, zwang ich mich irgendwann, ins Bett zu gehen, aber Lust hatte ich dazu nicht – das Hotelzimmer war einfach wie für mich gemacht.

Ryan Good rockt in
Mexiko mit Sombrero
ab.

justinbieber

show tonight was incredible. another SOLD
OUT STADIUM!! More people were there
than the town I grew up in. Gracias Mexico.
#DREAMBIG

9:38 PM - 2 Oct 11 via web

Als wir am zweiten Abend nach meinem Konzert ins Hotel zurückkamen, bemerkte ich, dass unter der Tür zu meiner Suite Nebel hervorquoll. Ich hatte keine Ahnung, was das sollte, aber als ich die Tür öffnete, spielte die Titelmusik von *Rocky*, und überall blinkten weiße Lichter. Und in der Mitte des Zimmers war ein großer Boxring aufgebaut. Ich war hin und weg, denn Boxen ist seit einiger Zeit eine richtige Leidenschaft von mir. Ich schicke Floyd Mayweather ständig SMS und bitte ihn um Tipps. Er wäre begeistert gewesen von dem, was in dieser Suite abging, und wenn er dabei gewesen wäre, hätten wir zusammen sparren können. Schade.

Ich sprang in den Ring, zog Boxhandschuhe über und fing an, mit einer Schaufensterpuppe zu sparren, die im Ring stand. Dann bemerkte ich, dass überall im Zimmer Schaufensterpuppen aufgestellt waren. Fredo, Ryan und ich verbrachten die ganze Nacht damit, herumzualbern, zu sparren und uns köstlich zu amüsieren.

Das Hotel hatte meine Erwartungen schon bei Weitem übertroffen, aber als wir am dritten Abend zurückkamen, hatten sie einen Ministrand, komplett mit Palmen, Sand, Liegestühlen, Sonnenschirmen und hawaiianischer Musik, aufgebaut! Ich liebe Strände und gehe wahnsinnig gern an den Strand, um zu chillen. Obwohl wir in Mexiko waren, gibt es in Mexiko-Stadt selber keinen Strand. Also brachten die Leute vom W Hotel den Strand einfach zu mir ins Zimmer. Ich habe keinen blassen Schimmer, wie sie das alles hingekriegt haben, aber ich bin ihnen sehr dankbar dafür.

EINE KLEINE AUSZEIT

Buenos Aires, Argentinien
12. Oktober 2011

Als wir im Rahmen unserer Welttournee Südamerika erreichten, waren wir schon seit zehn
Monaten ununterbrochen unterwegs. In Buenos
Aires konnte ich es kaum erwarten, etwas von der
Stadt zu sehen. Am ersten Tag war es rund um
das Hotel erstaunlich ruhig. Wenn ich irgendwo
ankomme, haben meine Fans normalerweise
schon herausgefunden, wo ich übernachte. Dann
kampieren sie tagelang vor dem Hotel, in der
Hoffnung, mich zu sehen und Hallo zu sagen. Ich
liebe es, meine Fans zu treffen, aber manchmal
ist es auch etwas anstrengend. Deshalb war ich
angenehm überrascht, dass am ersten Tag nur
eine Handvoll Leute da waren. Ich nahm mir ein
paar Minuten Zeit, um sie zu begrüßen und Autogramme zu geben, und dann zogen wir los.

Erste Station? Wir machten uns zum Lunch auf
die Suche nach einem Sushi-Lokal.

Alfredo und ich stießen auf das Restaurant Planet
Sushi, das uns an unser Lieblings-Sushi-Lokal in
L. A. erinnerte. Es war wirklich gut und der Fisch
superfrisch. Danach hatte ich Lust auf Eiscreme,
also erkundigten wir uns, wo wir hinge-
hen sollten – empfohlen wurde uns ein
Eiscafé namens Freddo's. Ich musste
lachen, weil ich Alfredo immer „Fredo"
nenne – ein deutliches Zeichen dafür,
dass wir dort zum Nachtisch einkehren
sollten. Bei Freddo's entdeckte ich das
beste Eis, das ich je gegessen habe:
„Dulce con leche con brownie", ein süßes,
cremiges Eis mit Brownie-Stückchen. Bis
heute habe ich manchmal Heißhunger
auf diese unglaublich leckere Kombi.

Fredo und ich verbrachten den Tag damit,
die wunderschönen Sehenswürdigkeiten
von Buenos Aires zu entdecken. Das ist
eine total coole Stadt, in der man besonders gut fotografieren kann. Fredo und ich
beschlossen, uns einen Instagram-Wett-
kampf zu liefern und zu sehen, wer die
besten Fotos schießt. Wir liefen in der
ganzen Stadt herum, fotografierten in
Parks, Museen und anderen Sehenswürdigkeiten, die auf unserem Weg lagen.
Dann luden wir die Bilder auf Twitter hoch
und ließen die Fans entscheiden, welche
Fotos am besten waren.

Justin Bieber: Just Getting Started – Alles ist möglich

ALFREDO

JUSTIN

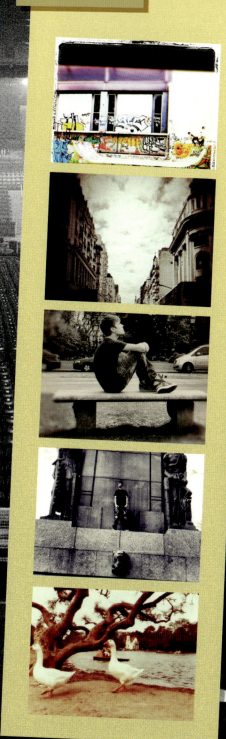

justinbieber

haha. on the news here it says my fans attacked the hotel. they got this one girl looking like CHUCK NORRIS on the attack. #epic

9:15 AM - 12 Oct 11 via web

Das war für mich allerdings so was wie ein Heimspiel, weil ich etwa zwanzig Millionen Follower auf Twitter habe und Fredo ungefähr sechs. Also gewann ich den Wettbewerb natürlich, aber Fredo ist immer noch der Meinung, dass seine Bilder besser sind – was absolut nicht stimmt. Meine sind große Kunstwerke.

Und seine? Na ja, sagen wir mal, sie sind ganz okay.

Als wir wieder am Hotel ankamen, hatte sich die Nachricht von meinem Aufenthaltsort definitiv verbreitet, denn vor dem Hotel warteten schon um die tausend Fans auf mich. Wir schafften es, den Hintereingang zu benutzen, um einen Ansturm zu vermeiden, und spielten den Rest des Abends mein Lieblings-Videospiel *Mortal Kombat*. Es war schon ziemlich spät, aber ich hatte Hunger und keine Lust auf Hotelessen – was nach einer gewissen Zeit immer gleich schmeckt.

Bei unserem Ausflug hatte ich eine Filiale der Restaurantkette TGI Friday's gesehen, die nicht weit vom Hotel lag. Es geht doch nichts über den Geschmack heimatlicher Gerichte, wenn man unterwegs ist, vor allem im Ausland, und Friday's ist eines meiner Lieblingsrestaurants. Besonders gern mag ich den Hühnchenteller mit Pommes und den Erdbeer-Limonaden-Slushy. Wenn man so lange auf Tournee ist, fühlt sich ein bekannter Ort wie Friday's wie ein kleines Stückchen Heimat an. Und an diesem Punkt der Tour war ich bereit für eine Portion gute alte Hausmannskost.

Als ich Moshe sagte, dass ich zu Friday's gehen wollte, schüttelte er nur den Kopf. Es wären viel zu viele Fans und Paparazzi draußen, an denen ich niemals vorbeikäme, ohne das totale Chaos auszulösen. Mann, ich wollte doch nur ein paar Hühnerfilets – es musste einfach einen Weg geben.

Also, falls ihr es noch nicht wisst: Ich leide unter Klaustrophobie – und zwar so richtig. Ich kann noch nicht mal mit mehr als zwei Menschen in einem Aufzug stehen, ohne dass mir schlecht wird. Als mir dann jemand vorschlug, in den Kofferraum eines Autos zu klettern, um aus dem Hotel rauszukommen, war ich mir nicht sicher, ob ich das schaffen würde. Aber ich wollte auch nicht im Hotel bleiben. Also holte ich einmal tief Luft und überwand meine Platzangst.

Als das Auto die Auffahrt rausfuhr, rollten Fredo und Carin die Fenster runter, damit alle sehen konnten, dass ich nicht im Wagen saß. Wir hofften, dass uns dann niemand folgen würde, sodass ich ein paar Häuserblocks weiter – außerhalb der sogenannten Fan-Zone – aus dem Kofferraum würde rausklettern können.

Ein paar Minuten, nachdem wir abgefahren waren, fragte ich: „Ist die Luft rein?" Meine Stimme kam durch eine kleine Öffnung in der mittleren Armlehne aus dem Kofferraum heraus.

Leider entdeckte mein Sicherheitsteam zwei Paparazzi, die uns folgten, sodass wir nicht anhalten konnten. Allmählich fühlte ich mich etwas eingesperrt. Also schob ich meine Hand durch das Loch, um Carins Hand zu halten. Ich musste Körperkontakt zu jemandem haben, um nicht völlig in Panik auszubrechen.

Friday's kam definitiv nicht in Frage, da es zu nah am Hotel lag und die Fans schnell herauskriegen würden, dass ich dort war. Wir mussten auf Plan B zurückgreifen – zurück zu Freddo's Eisdiele. Da die Paparazzi uns immer noch auf den Fersen waren, blieb ich im Kofferraum, während Alfredo mit einem der mexikanischen Sicherheitsmännern reinging, um für uns alle Eis zu holen. Carin blieb im Wagen, um mir Gesellschaft zu leisten. Als Fredo zurückkam, reichte er mir mein Eis durch die winzige Öffnung, und ich musste es allein im Kofferraum essen.

Wir fuhren noch zwanzig Minuten herum, in der Hoffnung, dass die Paparazzi verschwinden würden, aber das taten sie nicht. Schließlich gaben wir auf und fuhren zurück zum Hotel. Zum Glück stellte sich heraus, dass Friday's auch liefert! Es wäre nicht schlecht gewesen, das zu wissen, bevor ich in den Kofferraum kletterte!

KAPITEL 13

WAS NUN?

Je weiter ich komme, desto mehr möchte ich mich als Künstler, als Entertainer weiterentwickeln und mein Talent perfektionieren. Ich möchte das Bestmögliche aus mir herausholen.

--

Ich habe unheimliches Glück – ich weiß, warum ich hier bin und was mich antreibt. Je älter ich werde, desto mehr wird mir bewusst, dass die Zukunft nur darauf wartet, erobert zu werden – und ich werde sie im Sturm erobern.

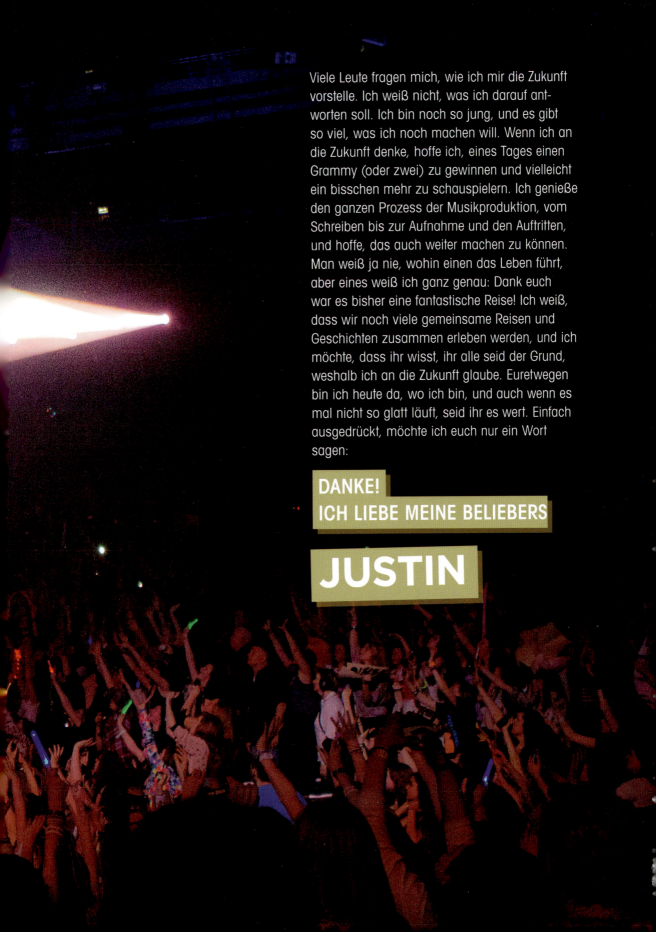

Viele Leute fragen mich, wie ich mir die Zukunft vorstelle. Ich weiß nicht, was ich darauf antworten soll. Ich bin noch so jung, und es gibt so viel, was ich noch machen will. Wenn ich an die Zukunft denke, hoffe ich, eines Tages einen Grammy (oder zwei) zu gewinnen und vielleicht ein bisschen mehr zu schauspielern. Ich genieße den ganzen Prozess der Musikproduktion, vom Schreiben bis zur Aufnahme und den Auftritten, und hoffe, das auch weiter machen zu können. Man weiß ja nie, wohin einen das Leben führt, aber eines weiß ich ganz genau: Dank euch war es bisher eine fantastische Reise! Ich weiß, dass wir noch viele gemeinsame Reisen und Geschichten zusammen erleben werden, und ich möchte, dass ihr wisst, ihr alle seid der Grund, weshalb ich an die Zukunft glaube. Euretwegen bin ich heute da, wo ich bin, und auch wenn es mal nicht so glatt läuft, seid ihr es wert. Einfach ausgedrückt, möchte ich euch nur ein Wort sagen:

DANKE!
ICH LIEBE MEINE BELIEBERS

JUSTIN

#ALWAYS
GIVE BACK

Wenn ihr mehr über die wohltätigen Organisationen wissen wollt, die ich unterstütze, lest hier weiter:

Pencils of Promise hat es sich zum Schwerpunkt gesetzt, Schulen zu bauen und nachhaltige Bildungsprogramme ins Leben zu rufen. In enger und lang anhaltender Zusammenarbeit mit den Kommunen verbessern sie den Zugang zu einer guten Schulbildung in bedürftigen Gemeinden in Laos, Nicaragua und Guatemala. Mehr Informationen über Pencils of Promise auf

www.pencilsofpromise.org

Make-A-Wish Foundation. Ich nehme jede Gelegenheit wahr, um über sie Kinder in verschiedenen Städten in der ganzen Welt zu treffen. Im Laufe der Jahre bin ich so schon vielen erstaunlichen und mutigen Kindern begegnet – jedes davon voller Leben und Leidenschaft. Alle Kinder waren superglücklich, und es war toll, das Lachen auf ihren Gesichtern zu sehen. Oft ist es ihr letzter Wunsch, mich zu treffen, was das Ganze so besonders macht. Die Make-A-Wish Foundation gibt seit 1980 Kindern mit lebensbedrohlichen Krankheiten Hoffnung, Kraft und Freude. In den USA erfüllt sie alle vierzig Minuten einem Kind einen Wunsch. Mehr Informationen auf

www.wish.org